BERLIN

Jan Roß

Was bleibt von uns?

DAS ENDE DER WESTLICHEN
WELTHERRSCHAFT

Rowohlt · Berlin

1. Auflage März 2008
Copyright © 2008 by
Rowohlt · Berlin Verlag GmbH, Berlin
Alle Rechte vorbehalten
Satz aus der Sabon PostScript (InDesign)
bei hanseatenSatz-bremen, Bremen
Druck und Bindung CPI – Clausen & Bosse, Leck
Printed in Germany
ISBN 978 3 87134 596 8

INHALT

I. ZEITENWENDE

Der 11. September 2001, der erste Tag der Gegenwart, war nicht nur Blitz und Donner, sondern auch Wolke und Nebel – ebenso, wie er erschüttert und erhellt hat, hat er verdunkelt und verschleiert. Der Zäsurcharakter, der Eintritt in eine neue Zeit, ist sofort offenkundig gewesen, doch über die Natur dieser Zukunft hat das Ereignis die Welt im Unklaren gelassen, mehr noch: in die Irre geführt.

Die Vereinigten Staaten und ihr Präsident George W. Bush haben «9/11» zum Ausgangspunkt eines globalen Feldzugs erklärt – gegen den Terrorismus, gegen den muslimischen Radikalismus, gegen die totalitäre Ideologie des «Islamofaschismus». Ein dritter (oder vierter) Weltkrieg, nach den System- und Überlebenskämpfen des freien Westens gegen das kaiserliche Deutschland und Hitler (und die Sowjetunion). Das war die erste Deutung der jetzt angebrochenen Epoche, und wie von einem Doppelgänger wurde sie von einer zweiten, vermeintlich entgegengesetzten, in Wahrheit jedoch komplementären begleitet: dass nun die Ära der amerikanischen Dominanz erst richtig anfangen, dass die verwundeten und herausgeforderten USA sich zu ihrer vollen Größe aufrichten und dem Erdkreis ihr Gesetz auferlegen würden. In Wirklichkeit sind beides Scheinwahrheiten oder Übergangsphasen gewesen, trügerische Momentaufnahmen. Der Titel, unter dem das beginnende

21. Jahrhundert steht, lautet weder «Krieg gegen den Terror» oder «Kampf mit dem Islam» noch «amerikanische Weltherrschaft». Er lautet: «Niedergang des Westens».

Der Weltkriegsvergleich ist nicht nur von überdrehten Intellektuellen wie Norman Podhoretz, dem Doyen der amerikanischen Neokonservativen, angestellt worden. Im Weißen Haus hat George W. Bush eine Büste von Winston Churchill aufstellen lassen, dem britischen Kriegspremier, der in Hitler schon den Todfeind der Zivilisation erkannt hatte, als die Mehrheit der Pragmatiker und Realisten in den westlichen Hauptstädten sich noch mit dem Nationalsozialismus arrangieren wollte. Die gelernte Sowjetspezialistin Condoleezza Rice beruft sich mehr auf Harry S. Truman, US-Präsident von 1945 bis 1952 und Schöpfer des amerikanisch-atlantischen Nachkriegssystems mit seinen weltweiten Allianzen zum «containment», der «Eindämmung» der UdSSR. Das ist weniger heroisch als das Vorbild Churchill, aber genauso ein Versuch, die Weltbürgerkriegsszenarien des 20. Jahrhunderts auf das 21. anzuwenden: Wie Truman um 1950 in Griechenland, in der Türkei, in Korea und in Berlin den Vormarsch der Sowjetunion gestoppt hatte, so muss die «freie Welt» noch einmal an allen Fronten, von den Hinterhofmoscheen in den Einwandererquartieren europäischer Großstädte bis zu den saudisch finanzierten radikalen Koranschulen in Pakistan und Indonesien, einer feindlichen Glaubenslehre entgegentreten – nicht, wie im Falle des Kommunismus, einer ersatzreligiösen Politik, sondern jetzt einer politisierten Religion. Es ist eine Generationenaufgabe, wie die Niederringung des «Warschauer Pakts» eine Generationenaufgabe war. Es gibt sogar einen Staat, der aus dieser Sicht das Erbe der Sowjetunion als Zentrum des feindlichen Tuns und

Trachtens angetreten hat: Iran, das Land der Mullahs und ihrer unheimlichen Atom-Pläne.

Am weitesten getrieben hat die typisch amerikanische Rhetorik von Licht und Finsternis kein Amerikaner, sondern der ultimative Moralpolitiker und Interventionist der Jahre um 2000, der Brite Tony Blair, der in Reden von Los Angeles bis Dubai wie ein Erweckungsprediger den Großkonflikt zwischen einem globalen Extremismus und einer ebenso globalen Gegenkultur der Toleranz und des Fortschritts beschworen hat. «Der Kampf gegen den Terrorismus», so Blair im Frühjahr 2006, «in Madrid oder London oder Paris ist derselbe wie der Kampf gegen die Terrortaten der Hisbollah im Libanon oder des ‹Palästinensischen Islamischen Jihad› in Palästina oder der Widerstandsgruppen im Irak. Der Mord an Unschuldigen in Beslan ist Teil derselben Ideologie, die auch in Saudi-Arabien, dem Jemen oder Libyen unschuldige Menschenleben fordert. Und wenn der Iran diesen Terrorismus unterstützt, dann wird er Teil ebenjener Schlacht mit ebenjener Ideologie in ihrem Zentrum.» Blair weiter, mit einem Blick auf «uns», gegen die sich der globale Jihad richtet: «‹Wir› sind nicht der Westen. ‹Wir› sind genauso Muslime wie Christen, Juden oder Hindus. ‹Wir› sind die, die an religiöse Toleranz glauben, an die Offenheit gegenüber anderen, an Demokratie, Freiheit und Menschenrechte, geschützt von einer weltlichen Gerichtsbarkeit. Dies ist kein Kampf der Zivilisationen. Es ist ein Kampf um die Zivilisation. Es ist der jahrhundertealte Kampf zwischen Fortschritt und Reaktion, zwischen denen, die die moderne Welt annehmen und in ihr eine Chance sehen, und denen, die ihre Existenz verwerfen – ein Kampf zwischen Optimismus und Hoffnung auf der einen Seite,

Pessimismus und Angst auf der anderen.» Das ist die pathetischste Version der Idee vom neuen kalten und heißen Krieg gegen einen neuen Totalitarismus, über alle religiöse und kulturelle Konkretion hinaus ins Universale (und Apokalyptische) gesteigert.

Aber es ist nicht die neue Weltformel. Im Kern bleibt es, trotz Blairs Universalisierungsversuchen, eine amerikanische Perspektive, die sich nicht dem ganzen Globus überstülpen lässt. Was die Europäer am Islam beunruhigt, sind weniger der Terrorismus und der iranische Gottesstaat als die muslimische Einwanderung. Die Bombenanschläge von Madrid 2004 und von London 2005 sind nicht «das europäische 9/11» geworden, keine Epochenwende, wie es der Anschlag auf New York und Washington für die Vereinigten Staaten war. Ein Brasilianer, Kongolese oder Koreaner fühlt sich wegen Osama bin Laden oder der libanesischen Hisbollah erst recht nicht im vierten Weltkrieg. Die Russen fürchten den Islam im Kaukasus, die Chinesen in der Westprovinz Xinjiang, wo sie das muslimische Volk der Uiguren des «Separatismus» verdächtigen – trotzdem sind Russland und China keine verlässlichen Verbündeten der Amerikaner geworden, sondern mehr denn je ihre Konkurrenten. Für Milliarden von Menschen und für die meisten Länder in der UN-Generalversammlung sind Hunger, Seuchen und Umweltrisiken dringendere Nöte als der «war on terror». Die epochale Überhöhung des Kampfes mit den Muslim-Radikalen ist weltpolitisch und welthistorisch provinziell – der Provinzialismus einer Supermacht, aber Provinzialismus gleichwohl.

Der amerikanische Starjournalist Thomas Friedman, der außenpolitische Kolumnist der «New York Times», hat das Problem des blinden Flecks am eigenen Beispiel beschrieben. Friedman hatte 1999 ein Buch über die Globalisierung veröffentlicht, das zum Bestseller wurde. Nach 9/11 kehrte er, der in den achtziger Jahren Korrespondent in Beirut und Jerusalem gewesen war, zum Nahostthema zurück. Als er dann im Februar 2004 in Bangalore, dem «indischen Silicon Valley», den hypermodernen Campus der Softwarefirma Infosys besuchte, kam es Friedman vor, als habe er die letzten Jahre verschlafen. Der Weg vom Stadtzentrum zum Firmengelände war eine Straße mit Schlaglöchern, Pferdekarren und heiligen Kühen am Rand gewesen, im Sitzungssaal von Infosys dann zeigte der Vorstandschef stolz den größten Flachbildschirm Asiens, für globale Videokonferenzen mit Programmierern, Designern oder Produzenten in Boston, London und Singapur. Die Globalisierung war weitergegangen, und indische Ingenieure und Manager waren plötzlich eine ihrer treibenden Kräfte. Im selben Augenblick, da der Westen sich auf den «clash of civilizations» eingeschossen hatte, stiegen in Asien neue Weltmächte auf – wirtschaftlich, technologisch und bald auch politisch.

Während Amerika seinen imaginären dritten oder vierten Weltkrieg führt und im Irak seine Kräfte verschleißt, während Europa auf dieses kriegerische Amerika fixiert ist und die «Cowboys» zu belehren und zu zähmen versucht, streichen China und Indien die Friedensdividende ein. Während der Orient für den Westen Antiterrorkampf oder Kulturdialog bedeutet, ist in Dubai, Doha, Abu Dhabi und Riad längst eine neue arabische Wirtschaftsmacht entstanden – Staatsfonds, mit Ölmilliarden gespeist, die global auf Einkaufs- und Investitionstour gehen. Während Russland für uns der schäbige Rest der Sowjetunion oder ein «Transformationsland» auf dem Weg zur Demokratie war, hat

Wladimir Putin eine Energie-Großmacht daraus geschaffen, an deren Gaspipelines Europa wie an einem ökonomischen Sauerstoffschlauch hängt. Das Weltzentrum verschiebt sich vom Westen nach Osten – in den islamischen Problem- und Gewalt-Osten, den russischen Revanche-Osten, den asiatischen Boom-Osten. Das ist die wirkliche Geschichte dieser Jahre.

Vom gespaltenen zum geschwächten Westen

Man erfasst den Macht- und Bedeutungsverlust des Westens sofort, wenn man die zwei großen weltpolitischen Krisenthemen der Jahre nach 9/11 vergleicht, den Streit um den Irakkrieg 2002 und 2003 und den Konflikt um das iranische Atomprogramm. Der Irakkrieg hat uns gar nicht so sehr wegen des Iraks beschäftigt – das Land selbst war den meisten, die sich über das Für und Wider einer Invasion ereiferten, ziemlich gleichgültig. Es ist etwas anderes gewesen, was damals so erregte: die Spaltung des Westens. Plötzlich standen Bush und Blair gegen Chirac und Schröder, Angelsachsen gegen Kontinentaleuropäer, «new Europe» gegen «old Europe». Der Publizist Robert Kagan hat in einem sofort berühmt gewordenen Aufsatz dafür die Formel von «Mars» und «Venus» geprägt – da ein kriegerisches Amerika, das sich in der Weltpolitik unter dem Gesetz des Dschungels behaupten muss, hier ein postmodern-pazifistisches Europa, das an den Multilateralismus, die Vereinten Nationen und seinen eigenen Modellcharakter glaubt. Diese Spaltung des Westens war der eigentliche Skandal – das Auseinanderdriften einer «Wertegemeinschaft», die

ein halbes Jahrhundert lang nicht nur, wie es immer gebets-
mühlenartig hieß, Frieden und Freiheit gesichert, sondern
den Denk- und Handlungsrahmen für alle Politik abge-
geben hatte. Seit 1989, als die Mauer fiel, und 1991, als
die Sowjetunion sich auflöste, war der Daseinszweck des
amerikanisch-europäischen Bündnisses fraglich geworden,
und das wenigstens schien im ersten Moment das Gute an
der Schreckenstat von 9/11 zu sein: dass sie der müde gewordenen Allianz durch einen gemeinsamen Feind noch
einmal einen Sinn geben würde. «Wir sind alle Amerikaner!», rief ausgerechnet «Le Monde», ein französisches
Blatt der Linken, in seiner Schlagzeile vom 12. September
2001. Aber es stimmte nicht. Gerade 9/11 mit seinen Folgen brachte ans Licht, dass die Entfremdung auf beiden
Seiten des Atlantiks viel größer war als in den neunziger
Jahren geahnt. Die Amerikaner wollten gegen Terror und
Islamismus Krieg führen, die Europäer wollten mit den
Muslimen ein Zivilisationsgespräch führen und Israel endlich zum Frieden mit den Palästinensern zwingen. Europa
sah sich nach einer längeren Pause des entspannten Desinteresses die Vereinigten Staaten wieder einmal an, und was
es sah, kam ihm entsetzlich vor: Bush, volle evangelikale
«Megakirchen» und überall flatternde Fahnen, eine triumphalistische Marktwirtschaft, die ein hartgesottener Anti-
kommunist wie Helmut Schmidt als Raubtierkapitalismus
bezeichnete. Umgekehrt war für viele Amerikaner aus dem
rechten Spektrum der alte Kontinent ein gottloses, verteidi-
gungsscheues, geburten- und wachstumsschwaches Relikt
der Vergangenheit geworden.

Der Streit um den Irakkrieg war deshalb so leidenschaft-
lich, weil er nicht bloß Interessen betraf – ein ernsthaftes
Interesse am Überleben Saddams konnten die Kriegsgegner

gar nicht haben, und auch in einer amerikanisch dominierten Machtordnung hätte Europa ganz behaglich seinen Geschäften und Vorlieben nachgehen können. Der Konflikt war so heftig, weil er ideologisch war, weil er sich um Weltordnungsphilosophien und Weltanschauungen drehte, sogar um Lebensformen; es war ein amerikanisch-europäischer Kulturkampf. Intellektuelle wie der Philosoph Jürgen Habermas konstruierten die EU geistig als Antiamerika, als Bollwerk der Wohlfahrtsstaatlichkeit und des Völkerrechts gegen das Imperium der Bomben und des Geldes. Nichts hat der bürokratisch erstarrten EU einen solchen Identitätsschub verliehen und sie so vital politisiert wie der kollektive Antiamerikanismus, auch wenn das natürlich niemals offiziell zugegeben werden durfte. Der Antieuropäismus in den Vereinigten Staaten war nicht weniger rüde. Es meldeten sich Kommentatoren zu Wort, deren Verachtung für französische Rotweintrinkerei und deutsches Pantoffelheldentum mindestens so intensiv wirkte wie ihr Hass auf bin Laden und die Seinen. Washington oder Paris, der eine Westen oder der andere, Mars oder Venus – das schien die Alternative zu sein, vor der das 21. Jahrhundert stand.

Im Grunde aber war diese Spaltung des Westens noch eine Idylle. Im Schrecken und in der Sorge über das transatlantische Schisma steckte umgekehrt die selbstverständliche Hoffnung, dass die Welt zurück ins Lot kommen würde, wenn Amerika und Europa nur wieder einig wären, wenn eine «Rekonstruktion des Westens», wie Joschka Fischer es formulierte, gelingen würde. Kagans Dualismus von Mars und Venus war ein innerwestlicher Familienzwist, irgendwelche Völker, Mächte und Kulturen außerhalb der abendländischen Sippe kamen in diesem Zweipersonenstück verkrachter Partner überhaupt nicht vor. Wenn Bush und Blair sich mit Chirac und Schröder in der Irak-Frage auf eine gemeinsame Linie verständigt hätten, wäre das die Weltmeinung gewesen, und von Moskau, Peking oder Neu-Delhi aus hätte niemand versucht, eine grundsätzlich andere Politik zu propagieren und durchzusetzen. Der Irak-Feldzug war auch in Asien und Lateinamerika unpopulär, aber wirklich herausgefordert und verantwortlich fühlte man sich dort nicht. Die großen Antikriegsdemonstrationen fanden in Europa statt, in Madrid, London und Rom – unter der Regenbogenfahne, auf der «Pace» stand, «Frieden» in der italienischen Sprache des Vatikans und des Bischofs von Rom, des greisen und kranken Erz-Europäers Johannes Paul II., der in diesen Vorkriegswochen zum eigentlichen moralischen Gegenspieler von George W. Bush geworden war. Hier das päpstlich-altabendländische «Pace», dort die neokonservative «Freedom»-Parole und -Doktrin – in dieser Spannung war ausgeschöpft und beschlossen, was den Westen und was die Welt ausmachte.

Der Streit um das iranische Atomprogramm hat gezeigt, dass die westliche Exklusivität nicht mehr gilt und dass wir, auf beiden Seiten des Atlantiks, in der großen Politik nicht länger unter uns sind. Der Irakkrieg, die Stunde der Selbstzerfleischung, ist zugleich das letzte Hurra der westlichen Selbstherrlichkeit gewesen.

Beim Thema Iran waren Amerikaner und Europäer sich einig: Die Mullahs sollten die Bombe nicht bekommen, und auch keine Technologie, die ihnen den Weg dahin ebnet. Aber auf einmal genügte die amerikanisch-europäische Einigkeit nicht mehr, um den gemeinsamen Willen durchzusetzen. Der Westen hatte um die Russen und Chinesen zu werben, die im UN-Sicherheitsrat Vetorecht besitzen und ihre Geschäftsbeziehungen zu Teheran nicht aufgeben wollten. Schwellenländer wie Indien, Brasilien und Südafrika mussten überzeugt werden, dass das Nein zur iranischen Nuklearrüstung kein kolonialistisches Diktat war, um aufstrebenden Nationen des Südens Fortschritt, Wohlstand und Ebenbürtigkeit zu verweigern. Die Iraner selbst gaben zu verstehen, dass sie dem Westen auch den Rücken kehren und sich dem boomenden Asien zuwenden könnten, wo ihr Öl genauso gebraucht wurde und sie weniger lästige Belehrungen über die Bombe und gar keine über Menschenrechte und Demokratie zu erwarten hatten. Ein antiamerikanischer Störenfried vom anderen Ende der Welt, der venezolanische Staatschef Hugo Chávez, ergriff Partei für die Teheraner Atom-Ambitionen, und der iranische Präsident Ahmadinejad ließ sich in Indonesien von Studenten als Held eines neuen muslimischen Selbstbewusstseins feiern.

Nicht mit Paukenschlägen, wie der Fall der Berliner Mauer oder der Anschlag auf das World Trade Center es waren, sondern in einer schleichenden Revolution kündigt sich die veränderte Weltordnung des 21. Jahrhunderts an. Irgendwann im Laufe der vielen Iran-Beratungen war in New York wieder ein Treffen der sechs Staaten anberaumt, die mit Teheran über die Atomfrage verhandelten: die USA, Frankreich, Großbritannien, Deutschland, Russland und China. Die Gespräche dauerten endlos, die Delegationen kamen erst tief in der Nacht wieder heraus, und es war nicht mehr viel Kraft und Lust zu ausführlicher Nacharbeit übrig. Aber ein Anblick und Erlebnis schien sich den Diplomaten tief eingeprägt zu haben: der chinesische Außenminister, der in der stundenlangen Sitzung zur Sache kein einziges Wort gesagt und nur am Ende das Essen gelobt hatte. Es hätte Zeiten gegeben, wo man das als Ausdruck des Desinteresses oder der Randständigkeit interpretiert hätte, als Zeichen, dass Peking fürs Mitreden bei den ganz großen Fragen noch nicht reif sei. Mit solchen Gedanken konnte sich nun keiner mehr zufriedengeben. Jetzt beschäftigte der schweigende Chinese die Phantasie als Bild und Inbegriff einer sphinxhaften Macht, die kein Auftrumpfen nötig hat.

In den internationalen Beziehungen, in den globalen Verhältnissen überhaupt, ist eine grundstürzende Umwälzung im Gange. Es kommt nicht mehr allein auf «uns» an – ganz gleich, ob «wir» die Vereinigten Staaten, eine mit Bush verzankte EU oder ein glücklich wiederversöhnter atlantischer Westen sind. Die halb neurotischen Identitätsdebatten und Schönheitswettbewerbe, der Streit um die Werte-Deutungshoheit zwischen Washington und Brüssel, London, Paris und Berlin – das alles ist nicht länger der Nabel der Welt. Eine tiefe narzisstische Kränkung für Mars und Venus gleichermaßen. Das amerikanisch-europäische Macht- und Deutungsmonopol über die Weltpolitik ist zerbrochen. Wir leben nicht mehr im Zeichen des gespaltenen, sondern des geschwächten Westens. Das ist die Situation, die sich seit 9/11 herausgebildet hat. Es ist nicht anzunehmen, dass sie so schnell wieder verschwinden wird wie die Phantom-Paradigmen vom kalten oder heißen Krieg mit dem totalitären Islamismus oder von der amerikanischen Weltherrschaft.

Die multipolare Welt

Während die amerikanische Macht noch im Zenit stand, pflegte der damalige französische Präsident Jacques Chirac die Stirn in Falten zu legen und sich für eine «multipolare» Weltordnung auszusprechen. «Multipolarität» war das Codewort, hinter dem sich der Widerstand oder wenigstens der rhetorische Protest gegen die US-Hegemonie verbarg. «Multipolarität» hieß: Nicht ein Gigant, sondern eine Vielzahl von Mächten soll den Lauf der globalen Dinge lenken. Die Formel war seit langem ein Standardbestandteil von Gipfelkommuniqués russischer, chinesischer oder indischer Politiker gewesen – ein ziemlich hilfloses abweichendes Votum zur Weltlage von Mächten, die vielleicht nicht dem Kalten Krieg nachtrauerten, aber sich in der «unipolaren», amerikanisch dominierten Welt unwohl fühlten. Inzwischen, obschon die Vereinigten Staaten noch immer die globale Nummer eins sind und es wahrscheinlich auf Jahrzehnte bleiben werden, ist die multipolare Welt eine Realität. Noch keine fertige, vollentwickelte, sondern eine werdende, entstehende, aber gleichwohl eine Realität. Ob sie wirklich so wünschenswert ist und so segensreich sein wird, wie Chirac geglaubt hat, daran mag man seine Zweifel haben. Multipolarität bedeutet auch Konkurrenz und Koalitionsbildung, das misstrauische Einander-Beäugen und Sich-gegen-die-anderen-Zusammenschließen – das multipolare «Mächtekonzert» des europäischen 19. Jahrhunderts endete in der Katastrophe des Ersten Weltkriegs. Vor allem aber sind nicht, wie Chirac gehofft hatte, die Europäer die Profiteure der neuen Multipolarität. Die alternativen, zukunftsträchtigen Kraftzentren bilden sich anderswo, und die EU befindet sich zusammen

mit den Vereinigten Staaten auf dem bedrohlich abschmel-
zenden West-Pol. In einer bitteren ironischen Wendung
gibt es tatsächlich so etwas wie die erhoffte «Rekonstruktion des Westens», eine Wiedervereinigung der Amerikaner und Europäer. Doch es ist eine Wiedervereinigung in
der gemeinsamen Schwäche.

Man kann es nicht genau datieren wie den Schockmo-
ment des 11. September 2001, aber irgendwann in der
Mitte des ersten Jahrzehnts des 21. Jahrhunderts hat das
kollektive globale Bewusstsein den Aufstieg Asiens in seiner vollen Tragweite wahrzunehmen begonnen wie ein Ge-
schichtsbeben. Vielsagendes Reden über eine Renaissance
des Reichs der Mitte hatte es lange vorher gegeben, aber
das war Expertenwissen oder Orakelei gewesen, ein politisches Gerücht; gern wurde Napoleon zitiert: «Wenn China
erwacht, wird die Erde erzittern.» Nun zittert sie wirklich,
und alle haben das Ohr am Boden, um die Stärke der fernen Erschütterung zu ermessen.

Napoleon hatte noch präzisere Prophezeiungen gemacht.
1817, als er nicht mehr Kaiser von Frankreich war, sondern
nach der Niederlage bei Waterloo abgesetzt und von den
Mächten Europas auf die Pazifikinsel St. Helena verbannt
wurde, erhielt er in seinem Exil Besuch von einem britischen Gast. Lord William Pitt Amherst war mit seinem Gefolge auf dem Weg von China nach England, auf der Rück-
reise von einer Gesandtschaft an den kaiserlichen Hof in
Peking. Amherst hatte China für den britischen Handel öffnen wollen, aber seine Mission war in einem Desaster geen-
det. Der Botschafter hatte sich geweigert, vor dem «Sohn
des Himmels» den Kotau zu machen, mit dem die Oberhoheit des chinesischen Herrschers anerkannt wurde. Der
Kaiser hatte die Gesandtschaft brüsk aus der Stadt gewie-

sen. Die Beziehungen zwischen dem fortschrittlichsten und dem traditionellsten Land der Erde, zwischen einer Welt der beginnenden Industrialisierung und dem Ewigkeitsanspruch einer geheiligten Feudalordnung, waren wieder auf dem Nullpunkt.

Napoleon hat über das Schicksal und die Bedeutung von Amhersts Pekinger Mission mit seinem irischen Leibarzt gesprochen, der die Betrachtungen in seinen Memoiren wiedergegeben hat. Die Verweigerung des Kotaus durch den englischen Gesandten fand Napoleon albern und unlogisch; wenn die Briten dazu von Anfang an nicht bereit gewesen seien, hätten sie sich gleich die ganze Reise sparen können. «Was auch immer die Sitte einer Nation ist», so Napoleon, «und was von den Vornehmsten dieser Nation selbst gegenüber ihrem Souverän praktiziert wird, kann für einen Fremden nicht erniedrigend sein.» In Italien küsse man ja auch dem Papst den Fuß, ohne dass das als demütigend gelte, und ein europäischer Botschafter in Istanbul dürfe vor dem Sultan nur erscheinen, wenn er einen Kaftan trage.

Dann machte Napoleon den Schritt vom Zeremoniell zur Machtpolitik. Die Briten hätten die Chinesen mit ihrer Flottenmacht einschüchtern und die Mandarine zwingen können, sich der europäischen Etikette zu unterwerfen. Aber «diese Idee ist Wahnsinn. Man wäre sehr schlecht beraten, eine Nation mit 200 Millionen Einwohnern dazu zu bringen, dass sie zu den Waffen greift.» (Eine Unterschätzung; Chinas Bevölkerung zählte damals schon mehr als 350 Millionen.) Den ganzen Gedanken, das weltabgewandte und verschlossene Land gewaltsam aufzubrechen, hielt der Kaiser für eine gefährliche Verrücktheit. «Das wäre», so seine Warnung an die Briten, «für viele Jahre das Schlimmste, was ihr tun könntet: Krieg mit einem Riesenreich wie China anzufangen, das über so große Mittel verfügt. Ihr würdet ohne Zweifel am Anfang Erfolg haben, ihnen ihre Schiffe wegnehmen, ihren Handel vernichten – aber ihr würdet sie ihre eigene Stärke [zu erkennen und zu nutzen] lehren. Sie würden gezwungen, Maßnahmen zur Verteidigung zu ergreifen; sie würden überlegen und sich sagen: ‹Wir müssen mit dieser Nation gleichziehen ... Wir müssen Schiffe bauen, wir müssen sie mit Kanonen ausrüsten ...› Sie würden Handwerker und Schiffbauer engagieren, aus Frankreich, aus Amerika, sogar aus London; sie würden eine Flotte bauen und, im Laufe der Zeit, euch besiegen.»

Eine der erstaunlichsten Vorhersagen der Weltgeschichte. Es hat zwei Jahrhunderte gedauert, bis sie in Erfüllung gegangen ist, und sie hat sich anders bewahrheitet, als Napoleon es sich gedacht hatte: nicht militärisch, sondern wirtschaftlich hat China zum Westen aufgeschlossen und ihn das Fürchten gelehrt. Aber zur Groß- und potentiellen Supermacht ist das Land geworden, und als man nach dem Schock von 9/11 und dem Staunen über die amerikanische Brachial-Antwort wieder zu Bewusstsein kam, hat es auf einmal jeder gemerkt.

Vor zehn Jahren war China eine Gelegenheit zum Geldverdienen, ein langsam sich öffnender Riesenmarkt für Siemens oder VW. Noch Gerhard Schröder ist zunächst fast ausschließlich als Handelsreisender dorthin gefahren. Er tat das in seiner Amtszeit jedes Jahr einmal, mit Scharen von auftragshungrigen Managern in der Kanzlermaschine, und im Dezember 2003 trat er dabei in der Universität Kanton auf, um vor den Studenten eine Rede zu halten. Öffentliche Grundsatzerklärungen in China waren für Schröder keine Freude, weil die deutschen Journalisten immer auf Kritik an den Menschenrechtsverletzungen durch das Regime warteten und ihn hinterher mit Nachfragen quälten, wenn es daran wieder einmal gefehlt hatte. In Kanton sprach er mehr sozialdemokratisch, über das Gesellschaftsmodell der «Teilhabe am Haben und Sagen», das die Bundesrepublik und Europa als Vorbild oder wenigstens als Erfahrung anzubieten hatten. Als die Studenten Fragen stellen durften, die sicher bis ins Detail arrangiert waren, kam einer auf Taiwan und die sehnlichen Wünsche des chinesischen Volkes nach einer Wiedervereinigung von Festland und Insel zu sprechen. Die Frage hatte einen etwas drohenden, martialischen Unterton. Der Kanzler antwortete, die Deutschen wüssten, wie es sich anfühle, wenn eine Nation geteilt sei, und unterstützten daher eine Ein-China-Politik. Erst später wurde aus der Delegation klärend festgestellt, dass für die Bundesrepublik eine Wiedervereinigung Taiwans mit dem Festland selbstverständlich nur mit friedlichen Mitteln in Frage komme.

Die Pointe ist nicht, dass Schröder zunächst irgendwelchen militärischen Abenteuern der Volksrepublik hätte Vorschub leisten oder dafür Verständnis hätte äußern wollen. Selbstverständlich wollte er das keineswegs. Die Pointe ist, dass der deutsche Bundeskanzler gar nicht zu begreifen schien, in was für einem Minenfeld er agierte. China war für ihn keine konkrete Großmacht mit Interessen, Verbündeten und Gegenspielern, es war eine historisch und politisch ortlose Wachstumszone. Dass Asien nicht einfach ein «Markt», sondern eine spannungsreiche Region ist, dass Deutschland und Europa hier, wenn auch bescheidener als die Vereinigten Staaten, Verantwortung tragen – das alles kam ihm offenbar überhaupt nicht in den Sinn. Trotz seiner demonstrativen China-Begeisterung hat Gerhard Schröder noch im Stand der asienpolitischen Unschuld gelebt.

Diese Harmlosigkeit ist nicht mehr erlaubt. Die wirtschaftliche Dynamik Asiens hat eine vollkommen neue Dimension und Intensität angenommen, aus der Sicht des verängstigten Westens: eine neue Aggressivität. China wird zur Fabrik der Welt. Es lässt die alten Industrieländer um ihre Arbeitsplätze fürchten, sichert sich von Australien über Afrika bis Lateinamerika Rohstoffe und konkurriert auch als Abgasproduzent und Klimakiller mit den reichen Staaten. Woher soll das ganze Öl kommen und was soll aus der Luft werden, wenn 1,3 Milliarden Chinesen Auto fahren wollen wie die Bürger der Vereinigten Staaten? Schon jetzt verbraucht China 40 Prozent des Zements weltweit, 40 Prozent der Kohle, 30 Prozent des Stahls und 12 Prozent der Energie. Je nach Berechnungsmethode könnte die chinesische Volkswirtschaft im Jahr 2020 größer sein als die amerikanische. Dann wollen die Pekinger Planer auch ein Autobahnnetz gebaut haben, das so lang ist wie das US-Highway-System: gut 88 000 Kilometer.

Der «Zeit»-Reporter Stefan Willeke hat die Geschichte einer Kokerei erzählt, die im Ruhrgebiet abgebaut wurde, um in China komplett wiederzuerstehen: «16 000 technische Zeichnungen, zwei Laster voller Akten, 35 000 Tonnen Maschinen, Rohre, Stahltüren, Kabel; einzeln zu nummerieren, dann von dreihundert chinesischen Arbeitern zu zerpflücken», für die Verschiffung nach Qingdao. Demontage hier, Industrialisierung dort. Der chinesische Export liefert lauter schwindelerregende Rekordzahlen. Im Jahr 2000 wurden 30 Prozent aller neuen Spielwaren in China produziert, 2005 75 Prozent. Die Wachstumsexplosion findet an allen Fronten statt: Schuhe, Autoteile, Technologie. 1996 hat China Computer, Mobiltelefone, CD-Player und anderes elektronisches Gerät im Wert von 20 Milliarden US-Dollar auf den Weltmarkt gebracht; 2004 waren es Güter für 180 Milliarden, mehr als jedes andere Land exportierte. Die Wirtschaftskorrespondentin Robyn Meredith, die die Zahlen zusammengetragen hat, bemerkt, dass China inzwischen an einem Tag mehr Waren ausführt als im gesamten Jahr 1978, als der Ent-Maoisierer Deng Hsiao-Ping seine ökonomischen Reformen begann. Ein Riesenheer an (immer noch) billigen Arbeitskräften und zugleich eine (fast schon) an der Spitze des Entwicklungsprozesses stehende Produktionstechnologie machen eine unschlagbare, in der Wirtschaftsgeschichte noch nie dagewesene Kombination aus.

Wenn China die neue Fabrik der Welt ist, dann hat Indien das Zeug dazu, ihr Büro und Labor zu sein. Es hat später, erst Anfang der 1990er Jahre, mit den Reformen begonnen; es hat ein nervenaufreibend schwergängiges politisches System, eine immer noch schikanöse Bürokratie und eine furchtbar unterentwickelte oder verrottete Infrastruktur. Aber Indien verfügt über Abermillionen Menschen, die Englisch sprechen, und eine vitale Geistes- und Forschungstradition. Sein Wachstumskern ist die Dienstleistungs- und Wissensökonomie: Callcenter, Programmierarbeiten, Pharmaindustrie; die Wachstumsrate ist inzwischen nur noch knapp geringer als die zweistellige des großen chinesischen Rivalen: 8,9 Prozent im Jahr 2006. Die Softwarefirma Infosys in Bangalore, 1981 von sieben unternehmungslustigen Ingenieuren mit ein bisschen Geld gegründet, das sie von ihren Ehefrauen geliehen hatten, beschäftigt heute 70 000 Menschen und hat dreihundert seiner Angestellten zu Millionären gemacht. Der amerikanische Chip-Hersteller Intel beschäftigt fast dreitausend Leute in Indien, die US-Zulassungsbehörde für Medikamente erkennt 75 Pharmafabriken im Land an, so viele wie nirgendwo sonst außer in den Vereinigten Staaten selbst. Serviceleistungen für Firmen und Privatleute wie Buchhaltung oder Kundenberatung werden in großem Stil nach Indien verlagert. Robyn Meredith: «Angestellte, die in der Zentrale von General Motors in Detroit die ‹O› wählen, glauben normalerweise, dass die Telefonvermittlung im Erdgeschoss in der Lobby sitzt. Tatsächlich ist sie knapp 13 000 Kilometer entfernt. ‹Guten Tag, hier General Motors, ich heiße Andy, wie kann ich Ihnen helfen?›, sagt Amit, wenn er in Bombay den Hörer abnimmt.»

Die Job-Wanderung nach China und Indien wird der Höhepunkt eines historischen Prozesses, in dem seit den 1970er Jahren immer neue Märkte und Bevölkerungen an den zunehmend internationalisierten Kapitalismus angeschlossen wurden: Japan, die südostasiatischen «Tigerstaaten», nach dem Fall der Mauer 1989 Mittel- und Osteuropa und Russland. Rund 1,5 Milliarden zusätzliche Arbeitskräfte, so hat der «Spiegel»-Journalist und Autor Gabor Steingart gezählt, bieten jetzt weltweit unter den Bedingungen der Moderne ihre Dienste an – gegenüber 350 Millionen in Westeuropa und Nordamerika, die mit ihren hohen Einkommen und ihrer vergleichsweise geringen Zahl von der Konkurrenz an die Wand gedrückt zu werden drohen. Der Westen, immer schon eine globale Minderheit, ist keine Avantgarde mehr, nicht mehr die Minderheit an der Spitze des Fortschritts, sondern eine privilegierte Klasse von gestern, historisch in der Defensive wie die alteuropäische Feudalaristokratie des 18. und 19. Jahrhunderts im Angesicht des heraufziehenden industriellen und demokratischen Massenzeitalters.

Die heutige Renaissance Asiens hat vollkommen andere Ausmaße und Konsequenzen als der Erfolg Japans oder der «Tigerstaaten» wie Singapur, Taiwan und Südkorea. Schon dieses kleine asiatische Wirtschaftswunder hatte in den siebziger und achtziger Jahren im Westen Abstiegsängste ausgelöst. Es war ein Schock, dass es auf einmal keine Grundig-Fernseher mehr geben sollte, weil Tausende von Kilometern entfernt sehr fremde Menschen fleißiger, kostengünstiger und nicht weniger geschickt arbeiteten. Aber das war immer noch «nur» Wirtschaft, nicht Weltpolitik. Die letzte Entscheidungsgewalt blieb fest in den Händen der Amerikaner und der Sowjets, und Europa blieb der Schauplatz, auf dem der Zentralkonflikt, der Kalte Krieg, gewonnen oder verloren werden musste.

Die lästigen Wettbewerber von damals, die fixen Auto- und Computerhersteller mit ihrer gewerkschaftsfernen konfuzianischen Leistungsethik, hatten nicht das Gewicht, um die globale Balance umzustoßen. China und Indien dagegen, die Newcomer von heute, sind Milliardenstaaten – und Atommächte. Sie wollen die Nachkriegsweltordnung von 1945ff., in der sie am Rande standen, nicht mehr akzeptieren. Wo die Kräfte der Zukunft liegen und wo nicht, wird sofort klar, wenn man die indische und die deutsche Bewerbung um einen ständigen Sitz im UN-Sicherheitsrat vergleicht: hier vielleicht eine späte Gelegenheit kurz vor Toresschluss, dort eine historische Unausweichlichkeit, die sich früher oder später auf jeden Fall realisieren wird. Deutschland muss hoffen, dass es den Sprung in den Weltführungsclub gerade noch schafft; es muss Kompromisse anbieten und zu verstehen geben, ein ständiger Sitz ohne das Vetorecht, das die bisherigen fünf Dauermitglieder besitzen, wäre auch akzeptabel. Ohnehin undenkbar ist, dass Berlin von einem Veto Gebrauch machen und sich in irgendeiner wesentlichen Frage allein gegen den Rest der Welt stellen würde. So etwas tun die Vereinigten Staaten, aber keine europäische Mittelmacht. Die Inder dagegen können sich sehr wohl vorstellen, gegen den Widerstand aller anderen ihre Interessen zu verteidigen; sie sehen sich in der amerikanischen, nicht in der französischen, britischen oder deutschen Liga. Sie wollen den Sicherheitsratssitz ohne Abstriche, mit allen Rechten, auch mit der Vetomacht. Und wenn sie ihn jetzt oder in drei Jahren nicht bekommen, dann eben später – die Zeit arbeitet für sie.

Wir werden Zuschauer

Der Konflikt mit den radikalen Muslimen hat dem Westen noch einmal die Erfahrung von Feindschaft eingetragen. Mit Feindschaft kann man leben, man mag sie siegreich überstehen, sie hat jedenfalls nichts Demütigendes. In dieser Hinsicht ist die globale Machtverschiebung, die sich im Aufstieg Asiens ankündigt, von anderer Schmerzlichkeit. Hier wird der Westen nicht bekämpft, sondern relativiert, und das verletzt wirklich. Haben wir nicht mehr genug zu bieten? 60 Prozent der Container, die von Asien nach Nordamerika gefahren wurden, und über 40 Prozent der Container von Asien nach Europa sind im Jahr 2005 leer zurückgekommen. Früher sind unsere Präsidenten, Premierminister und Kanzler mit ihren Wirtschaftsdelegationen im Tross als Entwicklungshelfer und Bringer einer überlegenen Zivilisation nach Peking oder Neu-Delhi gereist, heute fahren sie als Bittsteller.

Die Fabriken, Büros und Labore der Welt entstehen nicht mehr exklusiv im Westen – die Banken, Börsen und Fonds auch nicht. Der Boom der globalen Mehrheit, die Arbeit und der Konsum der anderthalb Milliarden, die in den internationalen Kapitalismus eingetreten sind, machen die Energielieferanten reich und mächtig wie nie zuvor: Saudi-Arabien, Russland, unberechenbare Rebellen- und Schurkenstaaten wie Venezuela und Iran. Die Investmentbank Morgan Stanley schätzt, dass «sovereign wealth fund», das staatlich kontrollierte Vermögensmanagement von Ländern wie China, Russland und den Ländern am Persischen Golf, 2007 insgesamt über ein Kapital von etwa zweieinhalb Billionen US-Dollar verfügte – mehr als die als «Heuschrecken» gefürchteten Hedgefonds. 2015 könnten es zwölf Billionen sein. Regierungen und Unternehmen aus den Golfländern haben 2005 und 2006 67 Milliarden Dollar im Ausland angelegt, mehr als in den acht Jahren davor zusammen. Auf der Wunschliste der Käufer aus dem Orient standen und stehen Aktienpakete von westlichen Paradefirmen, von DaimlerChrysler bis zur Deutschen Bank, von EADS bis Jaguar. Ende 2007, während der amerikanischen Hypothekenkrise, haben öffentliche Investoren vom Persischen Golf, aus Singapur und China in die angeschlagenen US- und Schweizer Banken Milliarden an Kapital zugeschossen.

Mit dem Geld kommt Einfluss – und die Angst davor: vor einem neuen, unheimlichen Gesicht der Globalisierung, vor den verborgenen Absichten der Staatsinvestoren und der eigenen Abhängigkeit, vor den verschwimmenden

Grenzen zwischen Marktwirtschaft und Machtpolitik. Die Europäer wollen Konzernen wie Gasprom, dem russischen Energieriesen, der faktisch eine Außenstelle des Kreml ist, den Zugriff auf ihre strategischen Industrien versperren. In den Vereinigten Staaten erhob sich ein Aufschrei, als eine Firma aus Dubai das Management amerikanischer Häfen übernehmen wollte; der Deal musste rückgängig gemacht werden. Die westlichen Erfinder des Kapitalismus spüren, dass sie nicht mehr Herren im eigenen Haus sind, und das macht sie nervös, manchmal bis zur Hysterie. Statt des vom Westen favorisierten politisch und ideologisch entladenen Weltmarkts, einer liberalen Utopie, in der jeder alles frei kaufen und handeln kann, bildet sich eine Macht- und Wirtschaftsordnung heraus, in der Staaten, auf ihre Ressourcen und Industrien gestützt, um internationalen Einfluss ringen. Mitten im Zeitalter der Globalisierung kommt die Geopolitik zurück.

Zwischen den Aufsteigerstaaten in Asien und den Öl- und Gasländern bildet sich eine neue globale Machtgeometrie heraus, ein neues Muster der Kraftströme um den Erdball. Die Energielieferanten haben jetzt mehr Kunden und mehr Optionen; die USA, Japan und Europa sind nicht mehr die einzigen Märkte, auf denen sich Geld verdienen lässt; die Produzenten können die Verbraucher gegeneinander ausspielen. In der alten Weltordnung war der Westen das Zentrum, und die Fäden liefen von da aus einzeln an die Peripherie, nach Lateinamerika, Afrika, Arabien, Asien. Hier gab man Almosen, da kaufte man Rohstoffe, dort wurden Billigfabriken oder Militärstützpunkte errichtet. Nun ist ein Netz daraus geworden, mittelpunktlos, jeder kann sich mit jedem verbinden und verbünden. Seine erste Auslandsreise nach der Thronbesteigung hat der saudische König Abdullah nicht etwa in die Vereinigten Staaten unternommen, zur traditionellen Schutzmacht seines Landes und seiner Herrscherfamilie, und schon gar nicht nach Europa. Er ist nach Peking gefahren.

Der Journalist Frank Sieren hat die neue globale Geographie mit einer Szene illustriert, in der eine junge Iranerin auf einer Abendgesellschaft einem Gast aus Peking ihr Leid über die amerikanisch-europäische Isolationspolitik, über verweigerte Visa und die beleidigende Angst vor Asylanten und Terroristen klagt. Sie und ihre Landsleute fühlten sich vom Westen ausgeschlossen und verkannt. Der Besucher darauf: Geht doch nach China, da stehen euch alle Möglichkeiten offen. «Ich weiß nichts über China», antwortet die Iranerin unsicher.

«Den Kommunismus», so Sieren, «stellt sie sich auch nicht lustig vor. Immerhin kein Kopftuch. Als sie sich im Internet Bilder von Shanghai herunterlädt, ist sie erstaunt.» Noch ist die Orientierung auf China in Teheran ein exotischer Gedanke, noch ist man auf London, Paris und New York fixiert, noch ist der Westen der Inbegriff von Fortschritt und Glücksversprechen. Aber das kann sich schnell ändern – das iranische Regime, das wegen seiner Atompolitik in Europa und Amerika unter Druck steht, propagiert schon eine Politik des Blicks nach Osten.

Die prowestlichen Ölstaaten am Persischen Golf verlassen sich für ihre militärische Protektion noch ganz auf die Vereinigten Staaten; wirtschaftlich, politisch und historisch sehen sie der heraufziehenden amerikanisch-chinesischen Konkurrenz längst als neutrale Beobachter und gelassene Profiteure zu: Wie immer die Sache ausgeht, Öl wird auf jeden Fall gebraucht. Der Westen ist nicht mehr der Nabel der Welt. Der Tag ist absehbar, an dem die Wirtschaftsbeziehungen zwischen China und Indien wichtiger sein werden als der Austausch, den jedes der beiden Länder mit Europa oder Amerika betreibt. Die fünfeinhalb Milliarden Dollar, die Chinas Industrie- und Handelsbank im Herbst 2007 für einen 20-Prozent-Anteil an der südafrikanischen «Standard Bank» ausgab, waren nicht nur die bis dahin größte Auslandsinvestition eines chinesischen Unternehmens überhaupt. Es war zugleich die größte ausländische Direktinvestition, die jemals in Afrika getätigt worden ist. Keine britische, französische oder amerikanische Firma hat je so viel Geld auf einem Kontinent eingesetzt, auf dem es noch in den 1970er Jahren europäische Kolonien gab. Die jahrhundertelang selbstverständliche Vorstellung, dass alle Entwicklung den Weg über den Westen nehmen muss, ist zum Anachronismus geworden. Immer öfter werden wir, was wir überhaupt nicht gewohnt sind und was sich schlimmer anfühlen kann, als attackiert zu werden: Zuschauer.

Im Mai 2006 reiste Bundesaußenminister Frank-Walter Steinmeier an den Persischen Golf. Hauptzweck des Besuchs war es, die arabischen Staaten zu mehr Unterstützung für die europäische Iran-Politik zu bewegen; sie sollten Druck ausüben, damit Teheran auf seine Atompläne verzichtete. Auf den ersten Stationen der Reise sah Steinmeiers Unterfangen noch recht erfolgreich aus: Der «Golf-Kooperationsrat» würde, so hieß es, eine Gesandtschaft in den Iran schicken, um den unheimlichen Nachbarn von seinen Nuklearambitionen abzubringen. Aber von Station zu Station, während der deutsche Außenminister mit immer neuen, malerisch gewandeten Amtskollegen an die Öffentlichkeit trat (der in Oman trug sogar nach Landessitte einen Dolch im Gewande), verflüchtigte sich das Projekt immer Fata-Morgana-hafter, mit Aufschüben und Ausflüchten, als ob es sich eigentlich um ein großes Missverständnis handelte. Die Teheran-Mission des Golf-Kooperationsrates fand nie statt. Wieder einmal kein Durchbruch für die europäische Iran-Politik.

Steinmeier freilich war noch mit einer zweiten Absicht gekommen: der deutschen Wirtschaft ein etwas größeres Stück vom Auftragskuchen zu verschaffen, den der von Ölmilliarden getriebene Boom der Golfstaaten verhieß. Staunend sah die Delegation die Gasfelder von Katar mit ihren Verflüssigungsanlagen und Riesentankern und überall die Wälder von Baukränen, die Hochhäuser für Appartements, Bürokomplexe und Luxushotels hochziehen, wo eben noch Wüste war.

In Abu Dhabi, der Hauptstadt der Vereinigten Arabischen Emirate, logierte der Bundesaußenminister im Hotel «Emirates Palace», einem Kuppelbau von märchenhafter Megalomanie, der sofort als Palast des Gralskönigs in Wagners «Parsifal» durchgehen könnte. In einem der zahllosen Säle dieser orientalisierenden Phantasiearchitektur hielt Steinmeier mit dem Außenminister der Vereinigten Arabischen Emirate eine Pressekonferenz ab. Er sprach über das iranische Atomprogramm und über die Technologie- und Handelskooperation – und als er bei dem Thema war, machte er damit Werbung, dass Deutschland in letzter Zeit tiefgreifende Reformen unternommen habe und jetzt als Wirtschaftspartner wieder attraktiv sei. Der Gedanke fiel in Steinmeiers ruhigem, immer etwas beamtenhaftem Redefluss nicht weiter auf. Es war vollkommen vernünftig, mit diesem Argument zu kommen, und doppelt verständlich bei einem der Köpfe, die seinerzeit hinter der «Agenda 2010» gesteckt hatten. Aber die Normalität verdeckte eine dramatische, im Grunde schockierende Umkehr der Verhältnisse: Vor dreißig Jahren hätte einem keiner geglaubt, dass sich die stolze Wirtschaftsmacht Bundesrepublik einmal als eine Art braver Bewährungskandidat präsentieren und um erneuerte Gunst nachsuchen würde – bei jenen Arabern, die damals als «Ölscheichs» trotz ihres fabelhaften Reichtums letztlich bespöttelt wurden.

Die anderen und die Schnelleren

Am Beginn des 21. Jahrhunderts ist es, als werde dem Westen die Globalisierung streitig gemacht, die ursprünglich nichts anderes als Amerikanisierung zu sein schien: die universale Ausbreitung der Technologie, der Wirtschaft, der Marken und des Lebensstils der Vereinigten Staaten. Tatsächlich ist die amerikanisch geprägte Wissens- und Konsumgesellschaft ubiquitär geworden. Nur noch donquichotteske Dunkelmänner-Regime wie in Kuba und Nordkorea verweigern sich dem Kapitalismus. In jedem besseren Hotel auf der ganzen Welt kann man CNN empfangen. Aber die Wirkungen der Globalisierungsrevolution sind von Washington oder New York aus nicht mehr zu kontrollieren. CNN hat auch für Al-Jazeera Pate gestanden, den arabischen Informationskanal mit modernem Design und Stil – und ungeniert antiamerikanischer Botschaft. «Einheitskultur» – das heißt nicht mehr bloß, dass Coca-Cola irgendwo in Asien den traditionellen Tee verdrängt oder dass serbische Heckenschützen in Sarajevo, die erbitterten Feinde des Westens in den Balkankriegen, Nike-Turnschuhe trugen und MTV sahen. Es heißt jetzt auch, dass

Abu Dhabi sich für ein neues Museum das Know-how, das Prestige und den Markennamen des Pariser Louvre kaufen kann.

Die ökonomischen Schranken wurden geöffnet, damit der Westen in aller Welt investieren konnte, aber nun investiert alle Welt auch im Westen. Im Januar 2007 hat Tata Steel, der indische Stahlgigant, den Konkurrenten Corus gekauft, den Nachfolger von British Steel – ein Konzern aus der einstigen Kolonie schluckt ein Unternehmen aus dem Land der früheren Kolonialherren. Es war ein symbolischer Akt, und er wurde in Indien mit vollem Bewusstsein inszeniert und genossen – vielleicht war die Investition geschäftlich nicht einmal besonders sinnvoll und in erster Linie eine Demonstration nationalen Stolzes. Nicht sie haben uns entdeckt, sondern wir sie, hat man die Asymmetrie zwischen dem Westen und dem Rest, die Grundtatsache hinter der globalen westlichen Expansion seit Kolumbus beschrieben, die zum Kolonialismus und zur europäisch-amerikanischen Weltherrschaft führte. Jetzt haben sie uns auch entdeckt.

Es stimmt nicht mehr, dass sich mit «unseren» fortschrittlichen Praktiken von selbst «unsere» fortschrittlichen Prinzipien und Lebensformen durchsetzen, und es stimmt ebenfalls nicht, dass der Siegeszug westlicher Ideen und der Triumph westlicher Macht Hand in Hand gehen. Im Gegenteil: Immer öfter passiert es, dass der Westen sich in seinen Gegnern und Gegenübern selbst begegnet, dass er mit seinen eigenen Waffen geschlagen wird. Die islamischen Einwandererkinder der dritten Generation sind keineswegs automatisch säkularer und besser integriert als ihre Eltern, nicht selten ist es gerade umgekehrt, und was die Familien in Europa besonders an ihre türkische, marokkanische oder pakistanische Heimat zurückbindet, ist das Satellitenfernsehen, eine durch und durch moderne Errungenschaft. Junge, gut ausgebildete Musliminnen wollen das Kopftuch tragen – nicht aus blindem Traditionsgehorsam (ihre Mütter tragen das Kopftuch oft nicht), sondern mit dem Selbstbewusstsein von Feministinnen, die sich gegen die Alltagspornographie einer Gesellschaft wehren, in der sie den weiblichen Körper zum Lustobjekt erniedrigt sehen. Nicht irgendwelche Hinterwäldler fordern in der Türkei den erstarrten Laizismus der alten Beamten- und Offizierselite heraus, es sind erfolgreiche Geschäftsleute, die in der islamisch-demokratischen AKP den Ton angeben, fromm und tüchtig, eine neue Elite, die mit den Forderungen Europas und der internationalen Märkte besser zurechtkommt als der verkrustete Atatürk-Staat.

Als im September 2005 die Mohammed-Karikaturen der Zeitung «Jyllands Posten» in der muslimischen Welt für Aufruhr sorgten, kamen kaufkräftige Milieus in den Golfstaaten auf die Idee, dänische Produkte zu boykottieren – sie hatten Konsumentenmacht und übten sie aus, wie früher nur die aufgeklärten europäischen Luxusverbraucher, die nach Chiracs Atomversuchen im Pazifik den französischen Rotwein im Regal stehenließen. Es gibt kein Abonnement des Westens auf den Nutzen und Profit der Moderne mehr, er kann die Geister, die er rief, nicht länger allein für sich arbeiten lassen. Das Internet transportiert auch die Propaganda muslimischer Terrorgruppen, und wer in Stanford Kernphysik studiert hat, kann am Ende in einem Labor bei Islamabad oder Isfahan die Bombe bauen.

Abdul Qadeer Khan, der Vater der pakistanischen Atomwaffe, der in den 1970er Jahren das nukleare Design als Gastwissenschaftler in den Niederlanden gestohlen hatte, wollte nicht bloß sein Land für den Dauerkonflikt mit dem mächtigen Nachbarn Indien munitionieren. Er rebellierte auch gegen die atompolitische Hegemonie des Westens, in der er den Versuch zur Bevormundung und Unterdrückung der muslimischen Welt sah: «Ich will», so Khan 1979, «die verdammte moralische Heuchelei der Amerikaner und Briten in Frage stellen. Diese Hundesöhne sind von Gott berufen, über Vorräte von Hunderttausenden von Sprengköpfen zu wachen, und haben das gottgegebene Recht, jeden Monat Bomben zu testen. Aber wenn wir ein bescheidenes Programm starten, sind wir die Teufel.» Pakistans Premierminister Zulfikar Ali Bhutto, der das Nuklearprojekt in Gang gesetzt hatte, rechtfertigte es im Rückblick als Garantie für die Ebenbürtigkeit der muslimischen Zivilisation: «Wir wissen, dass Israel und Südafrika über das volle nukleare Potential verfügen. Die christliche, die jüdische und die hinduistische Kultur besitzen dieses Instrument. Die kommunistischen Mächte besitzen es auch. Nur die islamische Kultur hatte es nicht, und das konnte nicht so bleiben.»

2003 flog auf, dass der in Pakistan als Nationalheld verehrte Khan nicht nur die Nuklearisierung des eigenen Landes betrieben, sondern auch einen florierenden Schwarzmarkt für Atom-Know-how eröffnet hatte, mit Libyen, Nordkorea und Iran als Kunden. Seine Motive und die Komplizenschaft des pakistanischen Staats- und Militärapparats bleiben unergründlich, aber neben Geldgier, Ehrgeiz und sinistrem strategischem Kalkül mag eine pervertierte Islam- und Drittwelt-Solidarität bei der Verbreitung der Atom-Geheimnisse eine Rolle gespielt haben. Khan hatte öffentlich die «Anstrengungen» der westlichen Mächte angeprangert, «die Entwicklung der muslimischen Welt zu behindern, in der sie unberechtigterweise eine potentielle Bedrohung ihres Monopols sehen. Fortschritte, die gewisse muslimische Staaten bei den kontrollierten Technologien machen, dringen nicht zu anderen durch – aufgrund internationalen Drucks und weil es an Koordination und Kooperation unter den muslimischen Ländern fehlt.» Die Bombe als Rache der Unterprivilegierten und Outcasts des Staatensystems: das ist die stärkste Herausforderung des Westens, die gefährlichste Gestalt der multipolaren Welt, und sie wird von der modernen, grenzüberschreitenden Wissensgesellschaft selbst hervorgebracht. Die Globalisierung hat die internationalen Klassenunterschiede nicht etwa zementiert, sondern in Bewegung gebracht und potentiell eingeebnet. Als ultimatives Projekt des Westens, als Totalisierung seiner Werte und Gesetze begonnen, führt sie unweigerlich zu seinem relativen Abstieg.

So sieht er sich einer doppelten Herausforderung gegenüber: denen, die ihn hassen, und denen, die ihn überholen. Den anderen und den Schnelleren. Im Vergleich mit einer mehrheitlich rückständigen arabisch-muslimischen Welt darf der Westen sich seiner Überlegenheit und seines Vorsprungs zumeist noch sicher sein; notfalls genügt ein Blick auf die harten Daten, auf Bildungsniveau und Produktivität, um uns zu beruhigen. Flugzeuge in Hochhäuser steuern können sie, hat man über die Attentäter des 11. September gesagt, Flugzeuge bauen können sie nicht. Denselben privilegierten Fortschrittsstolz, die Gewissheit, dass «wir» schon da sind, wo «sie» erst hinwollen, trauen wir uns gegenüber China nicht mehr zu. In Kairo oder Damaskus sitzen Verlierer der neuen Zeit, in Peking und Shanghai Gewinner. Chinesen und Inder wol len nicht mehr die «ungerechten» Regeln der internationalen Wirtschaftsordnung ändern, sie sind nicht mehr, wie früher, Fürsprecher der «Dritten Welt»; sie trauen sich inzwischen vollauf zu, nach unseren Regeln zu spielen und zu gewinnen. Die Angst vor dem Islam ist eine vor den Grenzen der Moderne, davor, dass sie irgendwo nicht hinreichen und nicht Fuß fassen könnte. Die Angst vor Asien, wenn man denn so reden will, ist die vor einer anderen Moderne, davor, dass uns die Moderne weggenommen wird – von jenen, die sie erfolgreicher zu nutzen und mehr aus ihr herauszuholen verstehen.

Europa, die bessere Hälfte?

Symbolisch und historisch, in ihrem Status als Supermacht, werden die Vereinigten Staaten vom Niedergang des Westens am härtesten getroffen. Das Land, das die Sowjetunion in die Knie gezwungen hat und unter George W. Bush die Weltherrschaft der Demokratie vollenden wollte, kann in Pakistan die Verhängung des Ausnahmezustands nicht mehr verhindern und die treuen Polen nicht mehr zur klaglosen Stationierung eines Raketenabwehrschilds bewegen. Der Dollar hat als globale Leit- und Reservewährung vom Euro Konkurrenz bekommen, und eine mittlere US-Wirtschaftskrise bringt das globale Wachstum nicht mehr zum Halten; angetrieben vom asiatischen Boom, schnurrt die Weltökonomie einfach weiter. Condoleezza Rice, die als Sicherheitsberaterin in der ersten Administration von George W. Bush den «unipolaren Moment» amerikanischer Übergröße mitzelebrierte, ist in seiner zweiten Amtszeit als Außenministerin wie gehetzt unterwegs gewesen, in einer permanenten Mission der Schadensbegrenzung, von einer erfolglosen Nahostreise zur nächsten – eine tragische Figur, an der sich die Relativierung der amerikanischen Macht als verblasste Star-Power offenbart.

Nur soll man nicht glauben, dass Europa, die andere Hälfte des Westens, deshalb besser dastünde. Die Europäer hatten länger Zeit, sich an den Niedergang zu gewöhnen, sie stürzen nicht aus der Höhe des welthistorischen Triumphgefühls ab. Sie haben im Zweiten Weltkrieg ihre Kräfte aufgebraucht und nach 1945 ihre Kolonialreiche verloren, von Afrika über Indien bis nach Südostasien. Sie sind im Ost-West-Konflikt mehr Objekt als Akteur gewesen, das wirkliche Spiel fand zwischen den Vereinigten Staaten und der Sowjetunion statt. Der geschichtliche Vorlauf macht die heutige Großkrise des Westens für die Europäer weniger schockhaft und dramatisch. Objektiv freilich ist sie für sie besonders prekär: Den militanten Islam haben sie nicht als weit entfernten Gegner auf einem anderen Erdteil, sondern als unmittelbaren Nachbarn am Mittelmeer und als Hausgenossen in ihren eigenen Städten. Europa hat weder die Militärmacht der USA noch, weil zersplittert, ihre strategische Handlungsfähigkeit. Seine Bevölkerung altert rapide, während die Vereinigten Staaten durch Einwanderung jung gehalten werden; für Amerika ist die Immigration eine Kraftzufuhr, in Europa ein Angstgegenstand, der schlechte Laune, Sozialkonflikte und fremdenfeindliche Aggressivität weckt.

Die Innovationskraft der Wirtschaft, die Leistungsfähigkeit der Spitzenforschung, der schlichte Arbeitsfleiß: überall stechen die Vereinigten Staaten die EU-Länder aus, ohne Aussicht auf Trendumkehr. Jeder kennt die unhaltbaren Mängel des amerikanischen Modells: den irrwitzigen Energieverbrauch, die korrumpierende Rolle des Geldes in der Politik, Verschuldung durch Überkonsum, eine materiell und kulturell auseinanderdriftende Gesellschaft. Aber es gibt ein Grundvertrauen in die Vitalität der USA, in ihr Vermögen, sich stets neu zu erfinden, das sich beim Blick auf Europa nur mit Mühe aufbringen lässt. Spekuliert man über die Mitte des 21. Jahrhunderts, so wird Amerika auf jeden Fall noch immer in der obersten Weltliga mitspielen, als eines der großen Machtzentren, zusammen mit China und Indien. Die EU auch?

Man ermisst die Schwächung Europas, wenn man sieht, wie seine Anziehungskraft an der Peripherie nachgelassen hat. Vor wenigen Jahren waren Russland und die Türkei von der Perspektive einer Westorientierung fasziniert; sie konnten sich nichts Besseres vorstellen, als europäisch zu werden. Inzwischen kehren sie sich ab. Während die Europäer noch darüber nachgrübeln, wie sie sich aus ihrer Beitrittsofferte an die Türkei wieder herauswinden können, haben die Türken mehrheitlich selbst die Lust auf eine EU-Mitgliedschaft verloren. Die russische Politik hat sich in Präsident Putins zweiter Amtszeit gründlich entwestlicht, was nicht nur Rebellion gegen die amerikanische Hegemonie bedeutet, sondern auch Entfernung von Europa. «Ich bin der Meinung», hatte Wladimir Putin Ende September 2001 im Deutschen Bundestag unter dem Beifall der Abgeordneten erklärt, «dass Europa seinen Ruf als mächtiger und selbständiger Mittelpunkt der Weltpolitik nur festigen wird, wenn es seine eigenen Möglichkeiten mit den russischen menschlichen, territorialen und Natur-Ressourcen sowie mit den Wirtschafts-, Kultur- und Verteidigungspotentialen Russlands vereinigen wird.» Undenkbar, dass Russland sich heute noch derart als Reservoir und Hinterland für ein «einheitliches Großeuropa» (Putin 2001) anbieten könnte. Die russische Politik verrät inzwischen geradezu eine gewisse Verachtung für die Brüsseler Gemeinschaft; man ist sich in Moskau nicht einmal mehr sicher, ob die EU in ein paar Jahrzehnten noch existieren wird, und ganz bestimmt hält man sie nicht für eine kommende Weltmacht. Die europäischen Maßstäbe zu übernehmen, sich lernwillig und fügsam in eine «Eurosphäre» zu integrieren – das sind für Russland Verirrungen einer vergangenen Schwächeperiode.

Ohnmacht und Selbstzweifel

Die Herausforderung des Westens durch die Feinde und die Wettbewerber, durch die anderen und die Schnelleren, ist mehr als bloß «Außenpolitik». Im Kalten Krieg ließ die Weltpolitik den westlichen Friedens- und Wohlstandsalltag zumeist in Ruhe, von zugespitzten Momenten der Atomkriegsfurcht wie in der Kubakrise 1962 und (mit weniger Grund) im Nachrüstungsstreit der achtziger Jahre einmal abgesehen. Den Preis für den Konflikt zahlten der unterdrückte Ostblock und manche Völker in der Dritten Welt – afrikanische Staaten, in denen blutige Stellvertreterkriege ausgetragen wurden, oder die Nationen Lateinamerikas, die ein weniger freundliches Gesicht der hegemonialen USA zu sehen bekamen als das fürsorglich geschützte Nato-Europa. Jetzt ist das Krisengefühl existenzieller, weniger abstrakt als während des Nuklearpatts mit der Sowjetunion. Der Kommunismus im Osten hat niemanden im Westen seinen Job oder seinen Lebensstandard gekostet; die Systemkonkurrenz war im Gegenteil eher ein Anreiz, die Arbeiter in der freien Hälfte der Welt durch Massenwohlstand und Wohlfahrtsstaat bei Laune zu halten. Der neue, der fernasiatische Osten dagegen ist kein Bremser, sondern ein Beschleuniger des Kapitalismus.

Die Rivalen des Westens haben ihre eigenen, womöglich fatalen Schwächen. Ein Öl- und Gas-Boom, wie ihn Russland, Iran, Venezuela, Zentralasien oder die Golfstaaten erleben, ist eine Scheinblüte; das leicht verdiente Geld macht träge und korrupt, und beim nächsten Preisverfall ist die ganze Herrlichkeit vorbei. China hat nicht nur gigantische Umwelt- und Sozialprobleme, sondern auch ein Regime ohne Legitimität – die Regierenden sind für ihr politisches Überleben auf Wachstum angewiesen; das Wachstum wiederum verpestet die Luft, treibt Massen von entwurzelten Bauern als Wanderarbeiter in die Städte und erhöht den Druck im Gesellschaftskessel weiter: eine gefährliche Spirale. Indien bleibt in der Breite ein armes Land, mit mehreren hundert Millionen Menschen, die von weniger als einem Dollar am Tag leben, und einem Drittel Analphabeten. Das Eliten-Indien, das sich durch Boom und Bombe auf dem Weg zur Weltmachtstellung sieht, schwebt abgehoben darüber, nicht ohne Anflüge von Höhenrausch und Größenwahn.

Jede dieser östlichen Erfolgsgeschichten ist unvollkommen und erschütterbar. Keines der Herausforderer-Länder verfügt auch nur annähernd über das Militär- oder Wissenschaftspotential der USA, keines wird in absehbarer Zeit den westlichen Lebensstandard erreichen. Es ist nicht sicher, dass auf das «amerikanische» 20. Jahrhundert ein «asiatisches» 21. folgen wird. Dennoch: Die schieren Dimensionen der entfesselten Energien machen die Rückkehr zu einer vom Westen kontrollierten globalen Ordnung unmöglich. Eine Krise Chinas würde die Vereinigten Staaten und Europa genauso in ihren Sog ziehen, wie der Aufstieg Chinas es tut. Ein Stein, der zu Boden geht, hat nicht weniger Kraft als einer, der fliegt; auf die Masse kommt es an. Die alte Macht- und Wirtschaftsherrlichkeit des weißen Mannes ist vorbei und wird nicht wiederkehren.

Sein kulturelles Sicherheitsgefühl auch nicht. Der Islam ist vielen unheimlich: brennende Autos in den Vorstädten von Paris, die vielen Kopftücher, Krawalle von Gaza bis nach Jakarta wegen der paar geschmacklosen Mohammed-Karikaturen oder einer missverstandenen gelehrten Vorlesung von Papst Benedikt XVI. in Regensburg. Das reiche, sich leerende Europa fürchtet sich vor den jungen Armen, die kommen könnten, wie die Verzweifelten, die schon die spanischen Enklaven in Nordafrika stürmten. Bedrohlich scheint der Glaube der Muslime – dem christlichen Amerika die Feindseligkeit des politischen Islams, dem säkularen Europa der intensive Glaube überhaupt. Auf der US-Rechten geistert die Schreckensphantasie von «Eurabien» herum: ein vergreisender, religiös ausgezehrter Kontinent, der von fanatischen Immigranten aus dem Maghreb und dem Nahen Osten übernommen wird. Europäische Linksliberale, die mit den koranfrommen Einwanderern Schwulenfeindlichkeit und Frauenunterdrückung salonfähig werden sehen, haben im Grunde ähnliche Sorgen. Der Glaubenseifer des Islams und die Wirtschaftskraft Asiens, die Menschen, die an unsere Tür klopfen, und die Waren, die auf unsere Märkte drängen – das ergibt ein Bild des Westens als einer flutbedrohten Insel.

Es geht dabei nicht nur um Macht, es geht auch um Ideen; es geht letztlich um die Frage, was das Schwinden der eigenen Macht für die Kraft und die Gültigkeit der eigenen Ideen bedeutet. Können wir die Welt noch belehren, wenn wir die Welt nicht mehr beherrschen können? «1989» schien den Sieg von Freiheit und Menschenrechten mit sich gebracht zu haben – einen globalen und endgültigen Sieg, so kam es dem Westen vor. Jetzt muss man fürchten, dass auch das Provinzialismus war, geopolitisch und historisch, eine Überschätzung der Konfliktarena des Kalten Kriegs und eine Überschätzung der Zäsur durch den Mauerfall. Die islamische Revolution des Ayatollah Chomeini hat sich 1979 nicht darum gekümmert, dass der globale Konflikt laut Lehrbuch zwischen Kommunismus und Kapitalismus stattzufinden hatte. Indern und Pakistanern, die 1998 ihre Atombomben zündeten, war es egal, dass der reiche Norden nach dem Ende der Ost-West-Konfrontation eine Epoche friedlicher Globalisierung ausgerufen hatte. Die Uhr der euro-atlantischen Geschichte zeigt nicht die Weltzeit an.

So scheint es möglich, dass auch der Triumph der Demokratie eine Illusion gewesen ist. Vor zehn Jahren hätte man einen halbdiktatorischen Staat wie Putins Russland für ein Übergangsphänomen gehalten, für eine Zwischenstufe auf dem Weg vom Sowjetsystem zur vollen Liberalisierung. Heute würde darauf niemand mehr wetten. Die kommunistische Parteiherrschaft in China ist trotz der ökonomischen Reformpolitik und ihrer eigenen ideologischen Glaubenslosigkeit nicht zusammengebrochen. Ein moderner Autoritarismus, wirtschaftlich potent, aber unfrei, hat sich in Peking und Moskau festgesetzt, und schon fragt man sich, ob das die neue Systemalternative zur liberalen Demokratie des Westens ist, womöglich die gegnerische Front in einem neuen Kalten Krieg. Von Weißrussland bis zum Iran bieten sich dankbare Klientenstaaten für die Großautokratien an, und Schurkenländer wie der Sudan oder Birma hoffen auf chinesischen und russischen Schutz vor amerikanisch-europäischen Menschenrechtsoffensiven. In einem Augenblick, da der «Freiheitsexport» durch die Krise der amerikanischen Irak-Invasion zu einer Schreckensvorstellung geworden ist und an den westlichen Wohlstandsdemokratien die Zukunftsangst nagt, brauchen die Kritiker und Feinde der liberalen Idee zum ersten Mal nicht mehr den Kopf einzuziehen wie in den Jahren nach dem revolutionären Donnerschlag von 1989.

Noch ist der Westen vom Balkan bis nach Afghanistan mit seinen Soldaten und seinem Lebensmodell exponiert, im ehrgeizigen Versuch, Frieden, Fortschritt und Menschenrechte zu verbreiten. Doch was ihm begegnet, sind oft genug zähes Misstrauen oder offener Hass, bis hin zur maßlosen Gewalt von Autobomben und Selbstmordattentaten. Das schürt den Zweifel, ob an unserem Wesen die Welt genesen kann. Sollen Europa und Amerika wirklich Kriege führen und womöglich über Jahrzehnte Truppen stationieren, um, Tausende von Kilometern entfernt, muslimischen Frauen das Tragen der Burka zu ersparen? Es geht eben nicht nur um den Irak – jeden Tag kann in Kundus oder im Libanon ein Anschlag verübt werden, der in Italien oder Deutschland den Willen zu Militäreinsätzen im Ausland untergräbt. Lange werden sich die Stimmen nicht mehr marginalisieren lassen, dass diese ganzen gutgemeinten Kreuzzüge ein fataler Irrweg waren und wir einfach raus-, raus-, rausmüssen.

Selbst der strenge Islam, den im Westen außer ein paar

Konvertiten kaum jemand als Vorbild betrachtet, verunsichert geistig. Er weckt nicht bloß Furcht oder Ablehnung, sondern auch einen nur halb bewussten, mehr als halb unterdrückten Neid auf eine Weltsicht, die ihrer Sache sicher ist. Das Erstarken des Islams ist nicht nur ein Problem und ein Krisensymptom, es ist auch eine Renaissance, die Wiederentdeckung einer mächtigen, missionarischen Religionskultur, die auf ihre Art ebenso ein welthistorisches Comeback feiert wie die uralten Zivilisationen Indiens und Chinas. Die radikalisierten oder friedlich zu ihren Wurzeln zurückkehrenden Muslime verfügen über eine Gewissheit, die vor allem das weltanschaulich abgerüstete Europa, im Unterschied zum patriotisch und religiös vitalen Amerika, nicht zu bieten hat. Was ist die richtige Antwort auf diese Erneuerung eines anderen Glaubens – die Verteidigung der säkularen Vernunft oder die Wiederentdeckung der christlichen Wurzeln des Abendlands? Ist der Glaube an sich das Problem und das Bekenntnis zur radikalen Aufklärung die Lösung? Oder müssen wir selbst wieder mehr glauben? Doch wie soll das gehen? Es drückt sich ein neues Interesse an westlicher Selbstbehauptung in diesen Diskussionen aus – aber auch die überwältigende Realität, dass man in der Defensive ist.

Das ist das Neue. Über Jahrhunderte hat der Westen die Welt dominiert, über Jahrhunderte war er aggressiv, expansiv, selbstgewiss. Wohl war die Auflösung der europäischen Kolonialreiche nach dem Zweiten Weltkrieg bereits ein Bruch in dieser Siegesgeschichte. Aber an die Stelle von Frankreich und Großbritannien traten als globale Führungsmacht die nicht weniger westlichen Vereinigten Staaten, und selbst der Kommunismus, der Gegenspieler im Kalten Krieg, war ein westliches Geistesprodukt. Seit

1683, als die Türken vor Wien geschlagen und aus Mitteleuropa zurückgedrängt wurden, ist der Westen seinen Herausforderern stets überlegen gewesen. Und schon diese Türkenoffensive war nur noch ein historisch verspätetes Nebengefecht, im Grunde eine Scheingefahr, während die europäische Kolonisierung und Übersee-Expansion in alle Kontinente längst begonnen hatte.

Jetzt hat sich die Strömung der Geschichte umgekehrt.

II. DIE BARBAREN UND WIR: WIE DER WESTEN WURDE, WAS ER IST

Im Frühjahr 2007 kam der Film «300» in die Kinos, ein comic-ästhetisch inspiriertes, in Brutalität und Pathos grotesk überzeichnetes Historienstück um eine Schlacht vor fast zweieinhalbtausend Jahren. 480 vor Christus hatte eine kleine Schar von Kriegern aus Sparta im Thermopylen-Pass bis zum letzten Mann auf verlorenem Posten gegen das Riesenheer des Perserkönigs Xerxes ausgehalten – eine militärisch erfolglose, aber besonders heroische Episode aus dem Unabhängigkeitskampf der antiken griechischen Stadtstaaten gegen ein vorderasiatisches Großreich, das sie dem Diktat einer fernen, monarchisch regierten imperialen Machtzentrale unterwerfen wollte. Der Spartanerkönig Leonidas und die dreihundert Elitesoldaten, die mit ihm an den Thermopylen im Kampf gegen die persische Übermacht fielen, wurden zum Inbegriff für furchtlose, kaltblütige Disziplin im Angesicht des sicheren Todes und für den unbeugsamem griechischen Freiheitswillen.

In den Vereinigten Staaten spielte das Thermopylen-Spektakel am Wochenende nach dem Kinostart siebzig Millionen Dollar ein. Aber der noch bemerkenswertere Effekt war ein anderer: die iranische Reaktion auf «300». Die Islamische Republik, gewissermaßen als Nachfolgestaat des alten Persien, fühlte sich von dem Film, in dem Xerxes und seine Untertanen als halb wilde, halb dekadente Barbaren dargestellt waren, beleidigt und angegriffen. Besonders provozierend war die Figur des kahlköpfigen Perserkönigs selbst, gepierct und auf schwulenkarikaturistische Weise verweichlicht. Die Regierung in Teheran protestierte bei der Unesco, der Kulturorganisation der Vereinten Nationen, gegen die Verletzung ihrer nationalen Würde. Exil-Blogger in Europa und Amerika nahmen an der vermeintlichen Dämonisierung des Persertums ebenso Anstoß. Im Iran selbst, wo der Film nicht in den Kinos zu sehen war, aber sich rasch über DVD verbreitete, muss die Empörung auch jenseits der regimenahen Sphäre lebhaft gewesen sein.

Im Hintergrund standen natürlich George W. Bushs Drohungen gegen den Iran als Teil der «Achse des Bösen» und seine revolutionären Machtambitionen im Mittleren Osten. Sollte «300» Unterstützung für eine amerikanische Kriegs- oder Vorkriegspropaganda sein, eine ideologische Geschichtslegende vom «clash of civilizations» zwischen der freien Welt und dem despotischen Orient?

Im Westen sind wir es nicht gewohnt, Produkte der Unterhaltungsindustrie derart ernst zu nehmen oder Geschichte und Politik so unmittelbar zu verschmelzen. Trotzdem hatten die Iraner mit ihrer uncool anmutenden Empfindlichkeit einen Punkt getroffen: Die Perserkriege sind tatsächlich ein besonderes Stück Historie, die Urszene des westlichen Selbstverständnisses und Selbstbewusstseins. Eine identitätsbildende Episode, wirksam über die Jahrhunderte und Jahrtausende hinweg. Wer «wir» sind und wer «sie», was Zivilisation heißt und was Barbarei, wofür das Abendland und der Orient kulturell und politisch stehen – das alles ist am Beispiel dieses welthistorischen Klassikers im fünften vorchristlichen Jahrhundert zum ersten Mal ausprobiert, vorgeprägt und dann von der Antike über das Mittelalter bis in die Neuzeit in immer neuen Geschichtssituationen und Rollenbesetzungen aufgegriffen und variiert worden. Wenn man, von Teheran oder sonst wo aus, nach kulturellen Indizien für das Weltbild des Westens am Anfang des dritten Millenniums sucht, dann ist ein Kassenschlager über die Perserkriege gar kein so abwegiger Kandidat.

Der Sieg der alten Griechen über die Perser ist in der Tat eine fast unglaubliche, atemverschlagende Begebenheit gewesen. Das antike Persien war nicht einfach eine Großmacht, sondern wirklich ein Weltreich, das erste der Geschichte, mit schier unbegrenzten Ressourcen; es erstreckte sich von der Mittelmeerküste der heutigen Türkei bis in die westlichen Randregionen von Zentralasien und Indien. Griechenland war im Vergleich damit so gut wie nichts, nicht einmal ein Staat, nur ein Flickenteppich einzelner, notorisch zerstrittener Städte. Der Kampf gegen die Perser ist denn auch fast die einzige Gelegenheit gewesen, bei der die Griechen sich zusammenrauften; wenige Jahrzehnte später haben sie sich in einem blutigen Bruderkrieg endgültig so zerfleischt, dass es mit ihrer eigenen Größe bald aus war.

Den persischen Angriff auf ihr Heimatland haben sie zweimal zurückgeschlagen. Der erste Sieg, 490 v. Chr. in der Schlacht von Marathon, war eigentlich nur ein Vorspiel, der Triumph über ein Expeditionskorps, der den Griechen eine Atempause verschaffte. Zehn Jahre später kamen die Perser wieder, mit aller Macht, zum Rachefeldzug. Es war provozierend, wie diese griechischen Duodezbürger dem Weltherrscher aus dem Osten den Gehorsam verweigerten, und solche Unbotmäßigkeit musste gestraft und gebrochen werden. Als die Gesandten des Großkönigs im Jahr 491 nach Sparta gekommen waren und als Symbol der Unterwerfung Erde und Wasser gefordert hatten, hatten die Spartaner sie in einen Brunnen geworfen und ihnen hinterhergerufen, da sollten sie sich holen, was sie haben wollten. Jetzt, beim zweiten Anlauf, würde die Sache ein für alle Mal geklärt und erledigt werden.

Das persische Heer, das zehn Jahre zuvor 25 000 Mann gezählt haben mochte, erschien den Griechen jetzt millionenstark; in Wirklichkeit werden es vielleicht 250 000 Soldaten gewesen sein – immer noch eine ungeheure, hellenische Dimensionen sprengende Streitmacht, dazu eine gewaltige Armada von Schiffen. Athen musste evakuiert werden, die Perser eroberten die Stadt und brandschatzten die Akropolis, den heiligen Burg- und Tempelberg. Aber die athenische Flotte war unversehrt geblieben, in einer kühnen strategischen Wette hatte der Feldherr Themistokles im Kampf um das Schicksal seiner Stadt und das Schicksal von Griechenland auf die Seemacht gesetzt, und mit einer Kriegslist verleitete er die Armada des Gegners in der Meerenge von Salamis zur Schlacht, an einer Stelle, die für die persischen Schiffe die ungünstigste war. Der Großkönig Xerxes hatte sich am Ufer einen Thron aufbauen lassen, um seinen Sieg als Schauspiel zu genießen. Nun sah er von da aus den Untergang seiner Flotte und das Ende seines Traums von der Herrschaft über Griechenland.

«Wenn Xerxes in Salamis gewonnen hätte, wären wir vielleicht immer noch Barbaren», hat der französische Aufklärer Voltaire Ende des 18. Jahrhunderts bemerkt. Noch pathetischer Georg Wilhelm Friedrich Hegel, der Philosoph des deutschen Idealismus, in seinen «Vorlesungen über die Philosophie der Geschichte» aus den 1820er Jahren: «Das Interesse der Weltgeschichte hat hier auf der Waagschale gelegen. Es standen gegeneinander der orientalische Despotismus, also eine unter einem Herrn vereinigte Welt, und auf der andern Seite geteilte und an Umfang und Mitteln geringe Staaten, welche aber von freier Individualität belebt waren. Niemals ist in der Geschichte die Überlegenheit der geistigen Kraft über die Masse, und zwar über eine nicht verächtliche Masse, in solchem Glanze erschienen.»

Das ist späte geschichtsspekulative Überhöhung, große abendländische Erbauungsrhetorik, aber ungeheuer wirkungsmächtig – und sie hatte früh angefangen. Schon für die Griechen selbst waren die Perserkriege mehr gewesen als die Verteidigung der Heimat und ein Sieg Davids über Goliath. Es war der Triumph einer Lebensform, das Behaupten der Bürgerfreiheit gegen ein System der absoluten Herrschergewalt über eine Masse von gesichtslosen Untertanen. Der Perser wurde der archetypische «Barbar», der Nichtgrieche, und Asien zu jenem Erdteil, wo das Barbarentum zu Hause war.

Herodot, der «Vater der Geschichtsschreibung», hat die Perserkriege als ersten historischen Ost-West-Konflikt erzählt, nach der sagenhaften Vorgeschichte des Kampfs um Troja. Als der mazedonische König Alexander der Große anderthalb Jahrhunderte nach Salamis den Spieß zwischen Ost und West umdrehte und seinerseits zur Eroberung Persiens aufbrach, konnte er seinen Krieg propagandistisch als hellenischen Kreuzzug, als Revanche für den Überfall des Xerxes präsentieren. Und anders als Xerxes hatte Alexander Erfolg; er zerstörte die Macht des Perserreichs und nahm es zur Beute. Der Westen, der sich bei Salamis gegen den Osten nur behauptet hatte, hatte ihn sich nun unterworfen. Der Hellenismus, die Zivilisation des nachklassischen Griechentums in den Städten und Staaten Alexanders und seiner Nachfolger, wurde die internationale Leitkultur der Zeit, ein erster Vorgeschmack von Globalisierung.

Die Geschichte von West und Ost, oder vom Westen und dem Rest der Welt, die mit den Perserkriegen begonnen hat, zieht sich wie ein roter Faden bis in die Gegenwart, oder doch fast bis dahin. Der Maler Oskar Kokoschka hat 1954 ein «Thermopylen»-Triptychon geschaffen, das heute in der Hamburger Universität hängt – ein Abendlands-Programm aus der Adenauerzeit, im geistigen Dienst der europäischen Einigung und der antikommunistischen Verteidigungsbereitschaft. Die Perser in Kokoschkas Darstellung tragen sinnigerweise russische Züge, die Barbaren der fünfziger Jahre sind die Sowjets. In der Furcht vor ihnen bündeln sich die beiden Angstbilder, unter denen sich der Westen den Osten, «Asien», immer wieder vorgestellt hat: das chaotische und das pharaonische. «Östlich» sind aus dieser Perspektive die Hochkulturen und Großreiche nach dem Vorbild des Zweistromlands oder von Ägypten, die Pyramiden und Stadtmauern, Gesetzeswerke, Bewässerungsanlagen und Verwaltungsorganisationen schaffen, doch in denen der Einzelne vor Staat und Herrscher nichts gilt. «Östlich» sind in der kollektiven Imagination des Westens aber auch die Einfälle von Nomaden- und Reitervölkern aus den asiatischen Steppen, die Feldzüge der Hunnen, Mongolen und Tataren, von Attila, Dschingis Khan oder Timur Lenk, der um 1400 als letzte «Gottesgeißel» dieser Art Städte wie Bagdad und Delhi zerstört und ihre Bewohner hingeschlachtet hat. In einer recht deutschen Stimmungsmischung aus Russlandfeldzug und Kaltem Krieg hat Ernst Jünger 1953 alles zusammenphantasiert: «Wir fühlen die Schwerkraft des Kontinents, hören das Klirren der Ketten vom Kaukasus. Die persischen Könige und ihre Satrapen, die Schahs und Khane, die Anführer unermesslicher Geschwader und Heersäulen, über denen die fremden Banner aufsteigen: Rossschweife, Drachen, rote Sonnen, Sterne, Sicheln und Halbmonde – es bleibt immer der gleiche Schrecken, der ihrem Einbruch vorausweht, während Brände den Himmel rot malen.»

«Der Westen» in diesem Konfrontationsmythos hat als christliches Abendland im Mittelalter und in der frühen Neuzeit gegen den Islam gestanden, er hat bis zum beginnenden 20. Jahrhundert mit dem europäischen Kolonialismus die Welt erobert und in Gestalt des atlantischen Bündnisses in der Zeit nach dem Zweiten Weltkrieg die kommunistische UdSSR niedergerungen. Man kann «den Westen» in dieser Geschichte nur in Anführungszeichen setzen – die Griechen von Salamis sind nicht die Spanier und Portugiesen, die Lateinamerika entdecken und unterwerfen; das antike Rom, das die Karthager besiegt, ist nicht das katholische Rom, das gegen die Orthodoxie in Konstantinopel oder Moskau das lateinische Christentum verkörpert. Vom Westen als kompakter globaler Kraft im Unterschied zum Rest der Welt kann man frühestens seit den Jahren um 1500 reden, als mit Reformation, Renaissance und Entdeckungsreisen, mit Artillerie und Buchdruck die Neuzeit begann, ein Fortschrittsprozess, der sich schließlich als unwiderstehlich erweisen sollte.

Genauso wenig haben die Schurken des Ost-West-Dramas, die Perser, Araber, Türken, Russen, «Wilden» oder «Gelben» der verschiedenen Kulturkämpfe und Kreuzzüge, viel miteinander gemein oder waren auch nur sämtlich Schurken. Vor den Augen einer kritischen, um Unparteilichkeit bemühten Historiographie ist das alles zu großen Teilen Propaganda, Schund oder Kitsch. Die vermeintlichen Barbaren, die «Eingeborenen»-Kulturen, die früher ohne Zögern «primitiv» genannt wurden, und das vernichtete oder verdrängte Erbe der Kolonisierten haben inzwischen ihre Anwälte gefunden; sie sind manchmal geradezu zur besseren, wenn auch unterlegenen Alternative zur Zivilisation der westlichen Moderne stilisiert worden.

Altertumswissenschaftler haben einen Dichter wie Aischylos, der in seiner «Perser»-Tragödie dem Sieg von Salamis ein Denkmal setzte, als Ideologen der Abgrenzung gegen das Fremde zu entlarven versucht. Der bis zu seinem Tod 2003 in New York lehrende Kulturhistoriker Edward Said hat unter immensem Beifall im Westen die Idee des «Orients» als westliches Konstrukt dargestellt, als Schreckens- und Faszinations-Phantasie, die über den wirklichen Islam und das wirkliche Asien nichts sagt, viel dagegen über die Bedürfnisse und das Selbstverständnis seiner abendländischen Betrachter und Beurteiler. Als sich 1992 die Amerikafahrt des Kolumbus zum fünfhundertsten Mal jährte, war das für die Öffentlichkeit, gerade für die europäische, ein Moment ausgesprochener Verlegenheit; man wusste im Grunde nicht mehr, ob es da überhaupt etwas zu feiern gab. Und als Benedikt XVI. auf seiner Brasilienreise im Frühjahr 2007 die Christianisierung des Subkontinents uneingeschränkt pries und eine harmonische Synthese von Indio-Überlieferung und kirchlicher Lehre in der katholischen Volksfrömmigkeit behauptete, war das ein ziemlicher Skandal; der venezolanische Präsident Hugo Chávez forderte vom Papst eine Entschuldigung, als habe er sich eine Art Holocaust-Leugnung zuschulden kommen lassen. Die Großerzählung vom Abendland, von seinen Feinden und seiner Mission kann nicht mehr auf universale Zustimmung rechnen, sie ist in gewisser Weise sogar der Inbegriff des politisch Inkorrekten, eines arroganten, überholten «Eurozentrismus» geworden.

Doch von sinnstiftender Macht, bewusstseinsprägend und insofern real, ist sie trotzdem gewesen. «Western Civilization» war bis in die 1960er Jahre ein Standardkurs an amerikanischen Universitäten, es war die eiserne geistige Ration für die künftige Elite der atlantischen Führungsmacht. Ein Historiker dieser Idee und Selbstverklärung des Westens hat dafür die hübsche Formel «From Plato to Nato» gefunden. Aber nicht dass man sie ideologiekritisch auseinandernehmen kann, ist die eigentliche Pointe dieser Geschichte – sondern dass sie trotz allem einen wahren Kern enthält. Dass die individuelle Freiheit und überhaupt das Individuum in Europa und Nordamerika einen besonderen, geschichtlich einmaligen Stellenwert haben; dass Demokratie, Kapitalismus und wissenschaftlich-technische Weltbeherrschung von hier stammen; dass die Moderne in allen ihren Facetten, von der autonomen Kunst bis zur pluralistischen Gesellschaft, ein westliches Produkt ist – das alles hat kein Schulmeister an einem wilhelminischen humanistischen Gymnasium und kein Presseoffizier des Pentagon erfunden. Es ist eine historische Tatsache.

Nur darf man dabei nicht bloß an die schönen und großen Dinge, nicht nur an Platon denken. Eine harte und kalte Seite, der Eiseshauch der Rationalität, die tödliche Effizienz, gehört zur Erfolgsgeschichte des Westens ebenfalls hinzu, und auch dies schon seit der Antike. Die griechische Hoplitenphalanx, die Schlachtreihe aus schwerbewaffneten Lanzenträgern, die wie eine niedermähende Maschine voranschritt und nach dem Seesieg von Salamis auch dem persischen Landheer, bei Plataiai, den Garaus machte, ist schon eine Vorform der disziplinierten und technisch überlegenen, rücksichtslosen Kriegführung des Westens, gegen die später die traditionellen Kämpfer anderer Kontinente und Kulturen keine Chance hatten. Massaker und Blutorgien hat es zu allen Zeiten und überall gegeben, die willkürliche Grausamkeit ist ein Standardmotiv gerade in der Vorstellung, die das Abendland sich von der asiatischen Despotie macht. Aber das systematische Vernichten, taktisch flexibel und strategisch unnachsichtig, im Soldatenbild gestützt auf jene stolze Egalität, die auch den freien Bürger ausmacht – das scheint etwas besonders Westliches zu sein.

Nach den Griechen ging der Staffelstab der «Westlichkeit» an das antike Rom über. Die Römer hatten ihre eigenen Kämpfe mit den «anderen», die sich ihrem Aufstieg entgegenstellten, die sich der Unterwerfung widersetzten oder die Grenzen des Reiches bedrohten – die Karthager in Nordafrika, die mit Hannibals Kriegselefanten die Ewige Stadt beinahe vernichtet hätten, die Germanen, deren Sieg im Teutoburger Wald unter Hermann dem Cherusker deutsche Nationallegende wurde, die Parther und Daker in Kleinasien. Aber die dramatischste Ost-West-Entscheidung in römischer Zeit fand im Innern des Imperiums statt, in einer Schlacht, bei der noch einmal das Schicksal von Okzident und Orient in der Schwebe zu hängen schien wie bei Salamis. Bei Actium, im Jahr 31 v. Chr., trafen die Flotten des Marcus Antonius und des Octavianus aufeinander. Seit mehr als einem Jahrzehnt, seit der Ermordung Caesars, war Rom vom Bürgerkrieg zerrissen, und diese beiden, ein General und ein Neffe des getöteten Diktators, waren als letzte Rivalen um sein Erbe übrig geblieben. Actium war die Entscheidungsschlacht um die Weltherrschaft.

Eine Schlacht zwischen Ost und West war es, weil

Marcus Antonius seine Machtbasis in den Osten verlegt hatte, ins ägyptische Alexandria. Er war zu Feldzügen in den Orient aufgebrochen, aber dann, so streuten es wenigstens seine Gegner, ein Gefangener des Orients geworden: Er hatte die Märchenkönigin Kleopatra geheiratet, die berühmte Geliebte Caesars, und es hieß, dass er die Hauptstadt des Reiches von Rom nach Alexandria verlegen wolle. Dies gab seinem Gegner eine Propagandawaffe in die Hand: Der Ehemann der Kleopatra würde in Rom eine orientalische Monarchie einführen wollen, während Octavianus als Verteidiger der Republik posieren konnte. Dass ein Herrscher Geschmack an der absoluten Macht im östlichen Stil finden und die Bürger zu Sklaven erniedrigen könnte, muss ein Trauma gewesen sein – Alexander der Große hatte nach der Eroberung Persiens solche Despotensitten angenommen und auch von seinen hellenischen Untertanen den Kniefall verlangt, mit dem die Großkönige sich hatten huldigen lassen; eine tiefe Demütigung.

Womöglich war dieses Orienttrauma umso tiefer, weil es sich gleichzeitig mit Faszination verband, mit einer Welt der Verlockung, für die der Name Kleopatra stand, auch mit der ehrwürdigen Weisheit von Jahrtausenden, die schon die Griechen an Ägypten bestaunt hatten. Auch das zählt, neben den vielen Siegen, zu den Grunderfahrungen des Westens mit dem Osten – das Unterlegenheits- und Bedürftigkeitsgefühl, der Neid auf fabelhafte Reichtümer, materiell und spirituell, auf Luxus und Geheimnis. Die Weisen im Evangelium von Jesu Geburt, die «Heiligen Drei Könige» der späteren Legende, kamen aus dem Morgenland. Die östlichen Provinzen des Römischen Reichs, Syrien und Ägypten, waren an Bevölkerungszahl und Wohlstand dem

Westen, Gallien, Spanien oder auch dem italischen Kern-
land, weit voraus. Mit dem Christentum sollte eine östliche Erlösungsreligion den Erdkreis erobern. Ex oriente lux.

Bei Actium aber, 31 v. Chr., triumphierte der Westen. Octavianus, der Sieger, ging nach Rom und wurde der Herrscher der Welt: Kaiser Augustus. Marcus Antonius beging
in Alexandria mit seiner Kleopatra Selbstmord; die beiden
wurden romanhafter Tragödienstoff. Diese Ost-West-Konfrontation war am Ende nur eine Phantasie gewesen, ein
welthistorisches Irrlicht. Seine wirkliche östliche Herausforderung erwartete Rom noch, Jahrhunderte später, an
anderem Ort und am Beginn einer ganz neuen Geschichte.

Das andere Rom

Der russische, 1972 aus der Sowjetunion in die Vereinigten
Staaten emigrierte Dichter Joseph Brodsky, späterer Literaturnobelpreisträger, veröffentlichte 1985 einen Essay unter
dem Titel «Flucht aus Byzanz». Es ist ein Reisebericht von
einem Besuch in Istanbul, ein seltsamer Reisebericht allerdings – nicht touristisch-sentimental, auch nicht landes-
kundlich-objektiv, sondern durch und durch feindselig, auf
eine höchst prinzipielle und eigentlich in guter Kulturgesell-
schaft taktlose Weise: eine Hasserklärung. Brodsky hasst
dieses Istanbul, weil es ihm rückständig und schmutzig vorkommt: «Das Delirium und der Schrecken des Ostens. Die
staubige Katastrophe Asiens. Grün nur auf dem Banner
des Propheten. Hier wächst nichts als Schnurrbärte. Ein
schwarzäugiger,   vor-dem-Abendessen-mit-Stoppeln-über-
säter Teil der Welt. Dieser Geruch! Eine Mischung aus

fauligem Tabak und schweißiger Seife und Unterwäsche, die wie ein zweiter Turban um die Lenden gewickelt ist.»

Aber das ist nur die Oberfläche; was den Besucher eigentlich anwidert, ist der historische und zivilisatorische Genius loci, ein Geist der Brutalität, der Unfreiheit und der Menschenverachtung: «Ach, all diese zahllosen Osmans, Mohammeds, Murads, Bajesids, Ibrahims, Selims und Süleimans, die ihre Vorgänger, Rivalen, Brüder, Eltern und Nachkommenschaft hinmetzeln – im Falle von Murad II. oder III. (was macht das schon aus?) achtzehn Brüder hintereinander – mit der Regelmäßigkeit, mit der ein Mann vor den Spiegel tritt und sich rasiert. Ach, all diese endlosen, ununterbrochenen Kriege: gegen die Ungläubigen, gegen die eigenen, aber schiitischen Moslems, um das Reich auszudehnen, um ein Unrecht zu rächen, ohne jeden Grund und zur Selbstverteidigung ... Wie vertraut das alles ist, einschließlich des Gemetzels! All jene Turbane und Bärte, diese Uniform für Köpfe, welche nur von einem Gedanken besessen sind – Massaker – und deshalb, nicht etwa, weil der Islam es verbietet, jemanden oder etwas Lebendiges abzubilden, absolut nicht voneinander zu unterscheiden sind! Und vielleicht ‹Massaker› gerade deshalb, weil alle einander dermaßen ähneln, dass sich ein Verlust gar nicht feststellen lässt. ‹Ich massakriere, also bin ich.›»

«Wie vertraut das alles ist»: Brodsky hat einen besonderen Grund, dieses Istanbul und alles, wofür es steht, nicht leiden zu können – es erinnert ihn an die Heimat, aus der er geflohen ist. Der despotische russische Zarismus und die erstickende sowjetische Diktatur, das kaiserliche und das kommunistische Moskau, haben mit dieser totalitären Sultansherrschaft nur allzu viel gemein. Russland hat seine Kultur der Unterdrückung freilich nicht vom Islam gelernt, und so reicht auch Brodskys böser Blick weiter zurück, in die vorislamische Geschichte der Stadt, die er besucht: Es ist im Grunde nicht Istanbul, das ihn interessiert und über das er sein Urteil spricht, nicht die muslimische Metropole des Osmanischen Reichs – sondern Konstantinopel (noch zuvor: Byzanz), wie die Stadt bis zur türkischen Eroberung von 1453 hieß.

Ein Jahrtausend lang war sie das Zentrum des Christentums im Osten des Mittelmeerraums, mit dem majestätischen Kuppelbau der Hagia-Sophia-Kirche als Mittelpunkt. Die slawische Welt, mit Russland als Hauptpreis, ist von hier aus zum Christentum bekehrt worden und hat von hier aus die Form ihres Glaubens erhalten: die orthodoxe Kirche. Bis heute ist der Patriarch von Konstantinopel, obwohl unter türkischer Herrschaft zu einer misstrauisch beäugten Nischenexistenz verdammt, der Primus inter Pares unter den Bischöfen des östlichen Christentums, protokollarisch ehrwürdiger als sein viel mächtigerer Amtsbruder in Moskau. Griechenland, Bulgarien, Rumänien, Serbien – sie alle haben selbständige, «autokephale» Kirchen und respektieren zugleich das symbolische Zentrum der orthodoxen Welt in Konstantinopel, dem legendären Bischofssitz und Begräbnisplatz des Apostels Andreas.

Für Brodsky aber liegt in dieser byzantinischen Sphäre der Ursprung der Gewalt- und Lügenherrschaft, unter der er aufgewachsen ist und von der er sich abgewandt hat. Konstantinopel bedeutet für ihn die Überwältigung (oder die Unterwanderung) Europas durch Asien. Im Jahr 330 n. Chr. hatte Kaiser Konstantin die Hauptstadt des Römerreichs hierher verlegt, an den Bosporus, die Meerenge, die Europa und Asien trennt. Der seltsame Traum des Marcus

Antonius, die Umpflanzung der Weltkapitale in den Osten, war also doch noch Wirklichkeit geworden. Freilich nicht im Zeichen von orientalischer Pracht und Sinnlichkeit à la Kleopatra. Mit Konstantin ging die heidnische Antike zu Ende, und es begann die Zeit des Christentums als römischer Reichsreligion und europäischer Leitkultur, auch wenn der Kaiser selbst erst auf dem Totenbett die Taufe nahm. In der Entscheidungsschlacht gegen seinen Rivalen Maxentius, 312 n. Chr. an der Milvischen Brücke bei Rom, soll ihm das Bild des Kreuzes erschienen sein, auf einem Kriegsschild mit der Inschrift: «In diesem Zeichen wirst du siegen» – eine der berühmtesten Legenden des Abendlands, und gewiss nachträglich erfunden. Konstantin muss ein kalter Machtmensch gewesen sein, als frommen Musterkaiser hat ihn erst eine propagandistische Geschichtsschreibung neu erfunden.

Gleichviel: Konstantinopel wurde zum Inbegriff christlicher Herrschaft. Das römische Imperium, das Konstantin noch einmal zusammengeführt hatte, zerfiel in der Folgezeit, und Ostrom, das Byzantinische Reich mit Konstantinopel als Hauptstadt, begann sein eigenes Leben. Während im Westen die Staatsgewalt zerbröckelte und das alte, das erste Rom von den Germanen erobert wurde, verödete und aus der großen Politik ausschied, blieben in Konstantinopel das Erbe des Imperiums und ein zentralistischer Befehlsstaat erhalten. Und während im Westen der Bischof von Rom mangels konkurrierender Machtinstanzen seine Unabhängigkeit ausbauen und den Grundstein zum Papsttum legen konnte, war in Konstantinopel die Kirche Reichskirche, mit dem Staat aufs engste verbunden und ihm untertan. Der Kaiser berief die Konzilien ein, die Versammlungen der Bischöfe, auf denen über Dogmenstreit entschieden wurde, er führte sogar selbst den Vorsitz, und letztlich hingen von ihm auch die Entscheidungen ab.

Das war es, was der zornige Brodsky als Verostung des Christentums und als Verrat an Rom begriff: die Unterwerfung von Geist, Recht und Wahrheit unter die Macht, eine Mischung aus rückgratlosem Opportunismus und öliger weltanschaulicher Rechtfertigungskunst. Von hier sah er eine gerade Linie der Herrschaftsideologie über den Palast-Islam der Sultane und ihrer dienstbaren Muftis bis zum Parteikommunismus der Moskauer Politbürokraten. Kein Wunder und kein Skandal, sondern im Gegenteil nur konsequent, dass die siegreichen Türken aus der Hagia Sophia eine Moschee gemacht hatten: «In dieser Umwandlung spiegelte sich etwas wider, was man ohne großes Nachdenken für eine tiefreichende östliche Gleichgültigkeit gegenüber Problemen metaphysischer Natur halten könnte. Was jedoch in Wirklichkeit dahinterstand und jetzt noch steht ..., ist ein Empfinden, dass alles in diesem Leben miteinander verwoben ist – dass in bestimmtem Sinne alles nur ein Muster in einem Teppich ist. Den man mit Füßen tritt.» Auch die Architektur der Moscheen (die «ungeheuren, zu Stein gefrorenen Kröten, die auf der Erde hocken und sich nicht rühren können») ist ja von der Hagia Sophia inspiriert: «Diese flachen Kuppeln, die an Topfdeckel oder gusseiserne Kessel erinnern, sie sind unempfänglich dafür, was der Himmel bedeutet: sie bewahren, was sie enthalten, statt den Menschen zu ermutigen, den Blick emporzurichten.»

Der ästhetische und spirituelle Gehalt der Moscheen Istanbuls ist mit der Kröten-Analogie nicht ganz ausgeschöpft. Doch die Spannung, die durch Konstantins Gründung eines zweiten Rom am Bosporus geschaffen wurde, ist in der Tat ein historisches Motiv von größter Tragweite. Das war der neue, innereuropäische Ost-West-Gegensatz: hier, in Konstantinopel, die Einheit von geistlicher und weltlicher Autorität unter der Oberhoheit des Kaisers, dort, in Rom, die Autonomie der Kirche, regiert vom Papst. Die theologischen, dogmatischen Unterschiede zwischen Katholizismus und Orthodoxie, zwischen lateinischem und byzantinisch-griechischem Christentum sind Feinheiten, die man heute nur noch mit dem Mikroskop des Expertentums erkennen kann. Jahrhundertelang wurde in der Trinitätslehre darüber gestritten, ob der Heilige Geist vom Vater und vom Sohn ausgeht (Position der Westkirche) oder nur vom Vater (so die Bischöfe des Ostens).

Aber der eigentliche Konflikt war kulturell und politisch, es ging um das Regiment des Papstes über die Glaubenswelt und um die Selbständigkeit der Religion im Verhältnis zum Staat. Was moderne Christen gern beklagen, die quasimonarchische Stellung der römischen Petrus-Nachfolger im Katholizismus, war und ist auch eine Garantie gegen Einmischungen durch diesseitige Machthaber. Die Urszene der westlichen Kirchenfreiheit ist der «Gang nach Canossa» von 1077: Der deutsche Kaiser Heinrich IV. hatte vergeblich versucht, das Recht auf Bischofsernennungen an sich zu reißen, und musste sich nun vor Papst Gregor VII. demütigen. Die Theorie dazu hatte schon um 500 Papst Gelasius I. formuliert, in einem Brief sinnigerweise an den byzantinischen Kaiser. Christus selbst, so Gelasius in seiner Epistel, hat wegen der Schwäche der menschlichen Natur nicht gewollt, dass priesterliche und königliche Gewalt zusammenfallen. Die Kaiser sind für das ewige Seelenheil auf die Päpste, die Päpste für den Lauf der irdischen Dinge auf die Kaiser angewiesen: «Zweierlei also ist es, erhabener Imperator, wodurch diese Welt vornehmlich regiert wird, die geheiligte Autorität der Päpste und die königliche Gewalt.» In der orthodoxen Welt hat sich die Doktrin nie wirklich durchgesetzt.

Nicht, dass der römische Katholizismus ein untadeliger Anwalt der Machtkontrolle gewesen wäre. Auf dem Gipfel ihres mittelalterlichen Hochmuts haben die Päpste selbst nach der Weltherrschaft gegriffen. Doch sie sind gescheitert, und auf lange Frist hat sich im Abendland eine Balance von weltlicher und geistlicher Autorität entwickelt, eine Trennung der Sphären. Schon im Evangelium hatte es geheißen: Gebt dem Kaiser, was des Kaisers ist, und Gott, was Gottes ist. Das ist das Samenkorn, aus dem am Ende Gewaltenteilung und Gewissensfreiheit gewachsen sind, das antitotalitäre Bewusstsein, dass es keinen absoluten Zugriff auf Leib und Seele, auf Himmel und Erde zugleich geben soll. Weder Jesus noch die Päpste des Mittelalters hätten etwas mit der Idee des liberalen Rechtsstaats anfangen können; er musste gegen kirchlichen ebenso wie gegen fürstlichen Widerstand durchgesetzt werden. Das katholische Lehramt hat sich erst 1965, auf dem Zweiten Vatikanischen Konzil, zur Religionsfreiheit bekannt. Doch ein Ansatz zur Machtbegrenzung, zur Sicherung von intellektuellen und moralischen Freiräumen, war in der westlichen Tradition angelegt, die sich dem Cäsaropapismus, der religiös-politischen Gesamtherrschaft à la Byzanz, verweigert und entzogen hatte. Die unruhestiftenden, vorwärtstreibenden geistigen Bewegungen der europäischen Geschichte – Renaissance, Reformation, Aufklärung – sind allesamt von lateinischem Boden ausgegangen. Reiner Zufall wird das nicht sein.

Westeuropa hat die Spannung zwischen Rom und Wittenberg auf der einen Seite, Konstantinopel und Moskau auf der anderen, während des Kalten Krieges fast vergessen. Der Osten war Osten, weil er kommunistisch und sowjetisch, nicht weil er orthodox war. Erst mit dem Mauerfall ist der geschichtsmächtige Konfessionsgegensatz ins Bewusstsein zurückgekehrt. Die katholischen Mächte Vatikan, Österreich und Helmut Kohl haben beim Zerfall Jugoslawiens die Kroaten unterstützt, die Russen und Griechen ihre orthodoxen Brüder in Serbien. Frühe Kritiker einer großzügigen EU-Erweiterung, darunter der Clash-of-Civilizations-Theoretiker Samuel Huntington, haben die Trennlinie zwischen West- und Ostkirche zur einzig natürlichen Grenze der Union erklärt: Die Länder mit katholischer und protestantischer Tradition – Polen, das Baltikum, Tschechien und die Slowakei, Ungarn – gehörten dazu, Bulgarien, Rumänien, die Ukraine und Weißrussland mit ihrer obrigkeitsfrommen, kulturell lethargischen Prägung eben nicht. Oder vielleicht von der Ukraine die westliche Hälfte, in der die mit Rom verbundene «unierte» Kirche stark ist und wo während der «orangen Revolution» tatsächlich die liberalen, demokratischen Kräfte ihre Hochburgen hatten, im Gegensatz zum prorussischen Osten des Landes. Die «slawisch-orthodoxe Kultur», so Huntington, zählt nicht zur atlantischen Zivilisation, sie ist nicht europäisch, so wie wir «Europa» verstehen, und Moskau bleibt ihr ewiges Gravitationszentrum.

Die EU ist trotzdem über diese historische Ost-West-Grenze hinausgewachsen. Sie hat Rumänien und Bulgarien aufgenommen, einigermaßen lustlos, aber ohne dass es deswegen eine Katastrophe oder massive Identitätskrise gegeben hätte. Erst recht war Brodskys Fluch auf die byzantinische Welt insgesamt unfair. Das orthodoxe Christentum hütet große Schätze und hat sie in mancher Hinsicht treuer bewahrt als der fortschrittsbegeisterte, ewig reformsüchtige Westen. Der gegenwärtige Papst, Benedikt XVI., schaut nicht ohne Neid auf die seit Menschengedenken ungebrochen tradierte Schönheit und Würde der ostkirchlichen Liturgie, während der katholische (und der protestantische) Gottesdienst mit Gegenwartsanpassung und banaler Experimentierfreude um seinen Zauber gebracht wurde.

Aber so viel bleibt wahr, dass das östliche Christentum keine Schule der Freiheit und des Widerspruchsgeistes gewesen ist. Die Patriarchen, Metropoliten und Popen haben sich zu allen Zeiten und unter allen Regimen den Machthabern angepasst. Man braucht nur den Widerstand der katholischen Kirche im kommunistischen Polen mit der Unterwürfigkeit der orthodoxen Hierarchie in der Sowjetunion zu vergleichen, um den fundamentalen Unterschied zu erkennen. Die russische Kirche konnte gar nicht anders, als Staatskirche zu spielen, selbst unter einem Staat, der das Christentum vernichten wollte. Im System Putin hat die Orthodoxie ihre Repräsentations- und Legitimationsrolle sofort wieder übernommen, ohne Zögern und ohne Schwierigkeiten. Es sind nicht nur das siebzigjährige Erbe des Kommunismus und die imperial-autokratische Tradition des Zarentums, die Russland zu einem Land mit zweifelhafter demokratischer Prognose machen. Es ist auch die Hypothek einer Kultur, in der kein König oder Kaiser nach Canossa gehen musste.

Kreuz und Halbmond

In den Proklamationen Osama bin Ladens und anderer Terrorprediger finden sich öfter historische Anspielungen und Vergleiche, die dem westlichen Leser entlegen, ja seltsam vorkommen. Amerikanische oder europäische Präsenz im heutigen Nahen und Mittleren Osten ist die von «Kreuzfahrern»; die Jihad-Ideologen beklagen den Verlust von «al-Andalus» und wollen ihn rückgängig machen – die christliche Wiedereroberung der Iberischen Halbinsel unter dem spanischen Königspaar Ferdinand und Isabella 1492, nachdem diese Territorien seit dem 8. Jahrhundert von Muslimen beherrscht waren. Am Ende der islamistischen Revolution gegen die modernen «Kreuzfahrer» und ihre Handlanger soll die Wiedererrichtung des «Kalifats» stehen, der geistlich-weltlichen Einheitsherrschaft über die muslimischen Gläubigen, die von den Nachfolgern Mohammeds ausgeübt wurde und erst mit dem Untergang des Osmanischen Reichs, das die Westmächte nach dem Ersten Weltkrieg unterwarfen und zerstückelten, offiziell verschwand.

Die Feindschaft zwischen den Christen, den Juden, dem Westen auf der einen Seite und dem Islam auf der anderen scheint nach dieser Jihad-Propaganda uralt zu sein – und das Uralte ewige, bedrängende Gegenwart. Es ist, als würden aus einem Kostümfundus Turbane und Krummschwerter geholt; dann aber zieht man damit tatsächlich in die Schlacht. Der bedeutende Princetoner Orientalist Bernard Lewis (der politisch eine unglückliche Rolle als Prophet eines erfolgreichen Irak-Feldzugs gespielt hat) hat darauf hingewiesen, dass Geschichte für diese Mentalität genau das Gegenteil der amerikanischen Floskel «it's history» ist, die das Erledigt- und Egalsein der Vergangenheit meint. Mit dem Al-Qaida-Terror hat sich eine Weltsicht ins globale Bewusstsein gebombt, nach der die muslimische Religion und Kultur seit Jahrhunderten das Opfer westlicher Aggression darstellt.

Für uns dagegen ist die Vorstellung eines zeitalterüberspannenden, ununterbrochenen Kampfes mit den Muslimen überraschend. Der Islam ist erst Ende der 1970er Jahre (wieder) mit Macht in den westlichen Gesichtskreis getreten. In den Jahrzehnten davor hatte es aus amerikanischer und europäischer Sicht letztlich nur zwei ernstzunehmende Kräfte und Ideologien gegeben, die um die globale Vorherrschaft rangen: die eigene, westliche, und die kommunistische des sowjetischen Lagers. Der Nahostkonflikt, die Kriege zwischen Israelis und Arabern, waren national, sie fanden zwischen Völkern um den Besitz von Land statt. Sie wurden verschärft durch die Rivalität der Supermächte, weil die Amerikaner Israel und die UdSSR die arabischen Staaten unterstützten. Die arabischen Führer, die dem Westen das Leben schwermachten, wie der ägyptische Präsident Nasser, der 1956 den Suezkanal verstaatlichen ließ, waren revolutionäre Drittwelt-Nationalisten und Militärdiktatoren. Auf die Religion mochten sie sich mit mehr oder weniger Nachdruck berufen, sie war aber für sie nicht die Hauptsache – auch nicht für die algerischen Befreiungskämpfer, die bis 1962 der französischen Kolonialmacht das Land abgerungen hatten. Dass Europa seine Überseebesitzungen räumen musste, lag im Zug der Zeit nach dem Ende der imperialistischen Epoche. Die Briten hatten es in Indien erlebt, die Franzosen im Fernen Osten, in Indochina; dass es in Algerien auch geschah, hatte nichts spezifisch Muslimisches an sich. Die türkischen

«Gastarbeiter» in der alten Bundesrepublik mögen nicht durch die Bank willkommen gewesen sein, sie wurden auch als «fremder» empfunden im Vergleich zu Italienern oder Griechen, aber niemand hat damals deswegen eine Islamisierung Europas gefürchtet. Das ganze islamische Problem, der islamische Faktor, spielte in der Welt und in der Weltpolitik keine wesentliche Rolle. Wo er nicht zu ignorieren und sogar beherrschend war, wie in Saudi-Arabien, dem Land der muslimischen heiligen Stätten in Mekka und Medina, war er aus westlicher Sicht systemerhaltend und willkommen, ein Bollwerk gegen nationalrevolutionäre Experimente und allfällige Sympathien für die atheistische Sowjetunion.

Das harmlose Bild änderte sich in zwei Schüben, Ende der 1970er und Ende der 1980er Jahre. 1979 stürzte der prowestliche Schah von Persien, der wichtigste Verbündete der Amerikaner im Mittleren Osten, ein Garant des stetigen Ölflusses und der antisowjetischen strategischen Stabilität. Der Aufruhr, der ihn beiseitefegte, hatte anfangs noch alle politischen Elemente und Potentiale in sich, liberaldemokratische, religiöse, kommunistische. Es war ein vollkommenes historisches Novum, dass sich aus diesem Chaos das Modell der Gottesherrschaft unter Führung des obersten Schriftgelehrten, in der furchterregenden Person des Ayatollah Chomeini, durchsetzte: Neben der französischen und der russischen, der bürgerlichen und der kommunistischen Revolution hatte sich auf einmal die islamische als eine dritte, eigenständige Form des gewaltsamen Durchbruchs zu einer neuen Gesellschaftsform etabliert. Mit dem Slogan «Nicht westlich, nicht östlich, islamisch!» proklamierten die schiitischen Radikalen stolz ihre geistige und politische Unabhängigkeit, jenseits des scheinbar alternativlosen, das gesamte Ideenspektrum erschöpfenden Weltgegensatzes von Kapitalismus/Demokratie und Sozialismus/Parteidiktatur, der bislang den Kalten Krieg und den ideologischen Kosmos beherrscht hatte. Neben den Markt und Marx trat Mohammed. Mit ihrer Schreckensherrschaft im Innern und dem Versuch des terroristischen Revolutionsexports in die arabischen Länder machten die Teheraner Religionsfanatiker klar, dass sie die bestehende Rechts- und Weltordnung nicht weniger herauszufordern gedachten als seinerzeit Danton, Robespierre und Napoleon oder Lenin und Trotzki.

Ebenfalls 1979, im selben Jahr, in dem der Schah gestürzt wurde, marschierte die Armee der UdSSR in Afghanistan ein, zu einer vermeintlich überschaubaren Militäraktion, um das unruhig gewordene Land für den sozialistischen Machtbereich zu sichern. Die Invasion entwickelte sich zum Desaster, zum sowjetischen Vietnam – neben der antikommunistischen Gewerkschaftsbewegung Solidarność in Polen ein zweiter Hauptfaktor für die Niederlage Moskaus im Kalten Krieg und den Zerfall des Ostblocks. Die muslimischen Widerstandskämpfer gegen die Fremdherrschaft, unterstützt von den Vereinigten Staaten, Pakistan und Saudi-Arabien, wurden von Jahr zu Jahr stärker, und 1989 mussten die letzten Soldaten der Roten Armee ruhmlos und geschlagen abziehen. Ein Triumph Davids über Goliath, und anders als seinerzeit in Vietnam war Davids Glaubensbekenntnis weder einfach antikolonial-nationalistisch noch marxistisch, sondern islamisch.

Aus amerikanischer Sicht war Afghanistan ein Stück Ost-West-Konflikt, die muslimischen Mudjaheddin und der von ihnen mobilisierte Macht- und Erregungsfaktor «Islam» waren Hilfstruppen und Hilfsmittel für die Auseinandersetzung mit der Sowjetunion. Die radikalen muslimischen Kämpfer und Prediger selbst hatten eine andere Perspektive. Die Sowjets und ihre afghanischen kommunistischen Handlanger waren in ihren Augen zwar gottlose Usurpatoren, die den Untergang verdient hatten – aber das machte die Mudjaheddin keineswegs zu Verbündeten der Vereinigten Staaten und den Kalten Krieg nicht zu ihrem weltpolitischen Orientierungsmuster. Sie hatten anderes im Sinn, als Amerika zum Sieg zu verhelfen. «Nicht westlich, nicht östlich, islamisch!» – die Parole der Teheraner Revolutionäre galt auch für die Islamisten in Afghanistan. Ihre Rebellion gegen die UdSSR und das Marionettenregime in Kabul richtete sich genauso gegen Traditionsbruch und Zwangsmodernisierung wie Chomeinis Aufstand gegen den prowestlichen Schah. Frauenbildung, europäischer Kleiderstil, Entmachtung der Geistlichkeit, Materialismus (ob kommunistisch oder konsumistisch) – die Fortschrittsideen der westlichen und der östlichen Vormacht drängten im Grunde in dieselbe unfromme Richtung, und sie stießen auf denselben erbitterten Widerstand im Namen des Korans. In der Szenerie des späten Kalten Kriegs hatte sich der Islam, der gewissermaßen im Weltbild der Zeit gar nicht vorgesehen war, mit einem historischen Überraschungscoup als selbständige, in alle Richtungen feindselige und bedrohliche Kraft eingeführt.

Auf diese weltpolitische Renaissance eines radikalisierten Islams im Iran und in Afghanistan folgte Ende der 1980er Jahre für den Westen der kulturelle Schock. Im Herbst 1988 hatte der anglo-indische Schriftsteller Salman Rushdie seinen Roman «Satanische Verse» veröffentlicht – ein Buch, dessen unorthodoxes und respektloses Bild vom Propheten Mohammed und vom Koran bei muslimischen

Gesinnungswächtern sofort Anstoß erregte, weil sie es als blasphemisch empfanden. Die «Satanischen Verse» wurden zuerst in Singapur, dann in Indien, bald in immer mehr islamischen Staaten verboten. Am 14. Februar 1989 erließ der iranische Revolutionsführer Chomeini eine Fatwa, ein religiös-juristisches Gutachten, in dem er Rushdie und alle, die bewusst an der Publikation des Romans mitgewirkt hatten, zum Tode verurteilte. Auf den Autor wurde ein Kopfgeld ausgesetzt. Rushdie musste aufwendigen Polizeischutz in Anspruch nehmen und für mehrere Jahre untertauchen, 1991 wurde sein japanischer Übersetzer ermordet und der italienische bei einem Attentat schwer verletzt, 1993 entging der norwegische Verleger der «Satanischen Verse» nur knapp dem Tode. Bücherverbrennungen, Anschläge auf Buchhandlungen, blutige Demonstrationen begleiteten die «Rushdie-Affäre», die erst Ende der neunziger Jahre zu einer gewissen Ruhe kam, als die Fatwa zwar nicht zurückgenommen wurde, aber die iranische Regierung erklärte, sie werde den Todesspruch gegen den Autor nicht vollstrecken. Die diplomatischen Beziehungen zwischen Teheran und London, die im März 1989 abgebrochen waren, wurden wiederaufgenommen.

Der Fall Rushdie brachte keine Erschütterung der globalen Machtverhältnisse wie die iranische Revolution oder das langsame Versinken der Sowjetarmee im Partisanenkampf in Afghanistan. Aber als mentale Zäsur im westlichen Verhältnis zum Islam, für die Intellektuellen und für die gesamte gegenwartsbewusste Öffentlichkeit, war der Streit um die «Satanischen Verse» von überragender Bedeutung, wahrscheinlich wichtiger als die «realen» Ereignisse am Persischen Golf und am Hindukusch. Die Rushdie-Affäre identifizierte den muslimischen Radikalismus als Bedrohung für die moderne liberale Gesellschaft – nicht irgendwo im Orient, sondern bei uns und überall, als prinzipielle Herausforderung, letztlich als Kriegserklärung an die eigene Lebensform.

Das heutige westliche Grundgefühl, dass mit dem Islam etwas nicht stimmt, dass er womöglich eine totalitäre Gefahr darstellt, dass man sich dagegen wappnen und wehren muss – das alles datiert mit voller Wucht vom Augenblick der Chomeini'schen Fatwa. Es war der Moment, in dem der Westen am Beispiel der Kunst- und Redefreiheit sein eigenes Aufklärungscredo wiederentdeckte, seinen universalen Anspruch und die Notwendigkeit, ihn zu verteidigen. Nicht, dass Rushdie vom ersten Moment an auf allgemeine Solidarität hätte zählen können. Gerade die christlichen Kirchen zeigten wenig Lust, für ihn Partei zu ergreifen; es schien eine Art antiblasphemischer Religionsbrüderlichkeit mit den verletzten oder aufgehetzten Muslimen zu geben. Nach und nach jedoch setzte sich die Einsicht durch, dass hier eine Grenzüberschreitung geschehen war, die nicht geduldet werden konnte.

Mit der Rushdie-Affäre begann die Götterdämmerung eines bequemen Multikulturalismus, der alles Andere automatisch als «Bereicherung» einstufte und sich für das Eigene im Grunde schämte. Die Kontroverse um die «Satanischen Verse» war der Urkonflikt, der in den späteren islamisch-westlichen Kulturkämpfen nach der Ermordung des holländischen Filmemachers Theo van Gogh, nach dem Streit um die dänischen Mohammed-Karikaturen oder der Regensburger Rede von Papst Benedikt XVI. seine Fortsetzungen gefunden hat. Die ideologische und ideologiekritische Wendung der Islamdebatte, die weltanschaulich erregte Auseinandersetzung über Kopftuch, Schleier und Moschee-Bauten, die mittlerweile selbstverständliche Tatsache, dass nicht nur Mittelost-Strategen, sondern Liberale, Feministinnen und Altachtundsechziger sich über den Fundamentalismus alarmiert zeigen – das gehört zur Nachwirkung der Causa Rushdie.

Es sind diese knapp dreißig Jahre des Konflikts mit dem muslimischen Fanatismus, die für den heutigen Westen seine Geschichte mit dem Islam ausmachen – nicht die Zeiten der Kreuzfahrer, von «al-Andalus» oder des Osmanischen Reichs. Aber tatsächlich ist der Islam über Jahrhunderte der Dauer-Widerpart des Abendlands gewesen, durchaus nicht immer in akuter Feindschaft, doch stets im Bewusstsein einer fundamentalen Fremdheit und Andersartigkeit – ein Gegenüber, mit dem man nicht (wie die ewig kriegführenden europäischen Fürsten und Staaten untereinander) durch eine gemeinsame Religion und Kultur verbunden war, sondern das eine andere Welt verkörperte. Das nichtislamische Gebiet ist für die traditionelle muslimische Lehre «Dar al-Harb», das «Haus des Krieges», jenseits der Rechts- und Friedensordnung im «Dar al-Islam». Ebenso brauchte ein christlicher Herrscher des Mittelalters keine Rechtfertigung, wenn er gegen die Muslime zu Felde zog; Krieg gegen Ungläubige war immer erlaubt. Kaufmannsstädte wie Venedig oder Genua haben mit dem Osmanischen Reich Handel getrieben und Verträge geschlossen, Christen haben dem Sultan auch gegen strenges päpstliches Verbot Waffen geliefert. Aber etwas Prekäres, Ausnahmehaftes war immer dabei. Die Grenze zum muslimischen Machtbereich war für das Mittelalter und für die frühe Neuzeit die Grenze Europas – eine in ewigem Hin und Her umkämpfte und immer wieder verschobene Frontlinie, eine unauflösliche historische Umklammerung, die erst an Bedeutung verlor, als das Abendland um 1500 auf seine Entdeckungs- und Eroberungsfahrt ging und global wurde.

Der Islam ist als kriegerische Religion geboren. In einem regelrechten Eroberungssturm haben Mohammed und seine ersten Nachfolger im 7. und 8. Jahrhundert die Arabische Halbinsel erobert, Jerusalem und Damaskus, Persien, Ägypten, Nordafrika. Sie überschritten den Hindukusch und im Westen, im Jahr 711, die Straße von Gibraltar. Der Siegeszug im Abendland kam 732, genau hundert Jahre nach dem Tod des Propheten, bei Poitiers im heutigen Frankreich zum Stehen. Die Schlacht, die den islamischen Vormarsch nach Europa stoppte, ist auf ähnliche Weise zum Gegenstand von Was-wäre-wenn-Spekulationen geworden wie die persische Niederlage gegen die Griechen bei Salamis. So Edward Gibbon, der große Historiker der Spätzeit des Römischen Reichs, im 18. Jahrhundert: «Ein Siegeszug hatte sich über tausend Meilen vom Felsen von Gibraltar bis zu den Ufern der Loire hingezogen; die Wiederholung noch einmal derselben Strecke hätte die Sarazenen bis an die Grenzen von Polen und zum schottischen Hochland geführt: Der Rhein ist nicht weniger unüberschreitbar als der Nil oder der Euphrat, und womöglich wäre die arabische Flotte ohne Seeschlacht bis in die Mündung der Themse gesegelt. Vielleicht würde dann in den Colleges von Oxford heute die Auslegung des Korans gelehrt, und die Zöglinge der Universität könnten einem beschnittenen Volk die Heiligkeit und Wahrheit der Offenbarung Mohammeds darlegen.» Nicht ohne Irritation stellt man fest, dass dieses phantastische Szenario einer alternativen europäischen Geschichte heute zu einer ernsthaft gehegten oder planvoll geschürten Angstvorstellung geworden ist, aus Furcht vor den arabischen, türkischen oder südasiatischen Einwanderern, ihren Kindern und ihrer aggressiven Religiosität.

Nördlich der Pyrenäen konnten die muslimischen Eroberer des Mittelalters sich nie wirklich festsetzen, und die Iberische Halbinsel fiel bis zum Ende des 15. Jahrhunderts endgültig an den Katholizismus zurück. Aber Nordafrika und der Nahe Osten sind dem Christentum dauerhaft verlorengegangen. Der Verlust war so gründlich, dass wir uns kaum noch bewusst sind, welche Rolle diese Regionen für den Glauben und die Kirche einst spielten, und zwar nicht nur Jerusalem und Palästina, das Heilige Land. Antiochia in Syrien und Alexandria in Ägypten sind uralte Apostel- und Bischofssitze. Die Omajaden-Moschee in Damaskus steht an der Stelle einer christlichen Basilika, und der heilige Augustinus, der größte Kirchenvater des Westens, war Bischof der nordafrikanischen Stadt Hippo. Nirgendwo sind heute mehr als bescheidene, oft bedrängte orthodoxe, katholische oder orientalisch-altgläubige Minderheiten übrig geblieben, und das Christentum hat (wie der in Indien entstandene, aber dort fast verschwundene Buddhismus) das merkwürdige Schicksal einer Religion, die an den Stätten ihrer Herkunft und frühen Ausbreitung so gut wie erloschen ist.

Die Kreuzzüge, die mittelalterliche Gegenoffensive des Abendlands gegen den Islam, haben den einstmals christlichen Orient schon damals nicht wirklich wiederherstellen können. Jerusalem, das die Kreuzfahrer 1099 erobert hatten, ging 1177 wieder verloren, an Sultan Saladin, den noch Saddam Hussein als Rollenmodell für seinen Widerstand gegen den Westen in Anspruch genommen hat. Die Kreuzzüge waren eine ausgesprochen schmutzige und wüste Angelegenheit, von Gier und purer Machtpolitik ebenso durchsetzt wie von Fanatismus. Die christliche Eroberung Jerusalems wurde mit einem regelrechten Massaker gekrönt, Frauen und Kinder eingeschlossen, und im Rheinland und in Süddeutschland fanden unter dem Einfluss der Kreuzzugspropaganda blutrünstige Judenpogrome statt. Als Phänomen einer grenzüberschreitenden, zeitweise den ganzen Kontinent erfassenden Mobilisierung im Namen des gemeinsamen Glaubens und gegen einen gemeinsamen Feind war das alles außerordentlich – an der dritten Expedition nahmen der deutsche Kaiser und die Könige von Frankreich und England teil, die geballte dynastische Elite des Abendlands. Der berühmteste Prediger der Kreuzzüge, der heilige Bernhard von Clairvaux, Mystiker, Kirchenreformer und Zisterziensermönch, erlitt einen schweren Imageschaden, nachdem die von ihm inspirierten Ritter gescheitert aus dem Orient zurückgekehrt waren.

Die Kreuzzüge sind ein frühes Beispiel für den Medien-, Stimmungs- und Ideologiekrieg, mit dem ganzen Verhetzungspotential und der politischen Entgleisungsgefahr, die dazugehören. In der Geschichte der westlichen Wir-Gefühle zur Selbstbehauptung gegen das «Nichteuropäische» nehmen sie einen prominenten, doch heute nicht mehr populären Platz ein. Den griechischen Kampf gegen die Perser konnte der Thermopylen-Schocker «300», wenn auch nur in verfremdender Videospielästhetik, verherrlichen; der nicht lange zuvor herausgekommene Kreuzfahrerfilm «Königreich der Himmel» musste eine politisch korrekte interkulturelle Verständigungsmoral und Fanatismuskritik liefern. Die Glorifizierung eines christlichen «Jerusalem ist unser!» wäre undenkbar.

Die dritte große Welle im Hin- und Herwogen zwischen dem Islam und Europa, nach den frühen arabischen Eroberungen und den Kreuzzügen, war die Expansion des Osmanischen Reichs. Vom späten Mittelalter bis zum Ersten Weltkrieg sind nicht mehr die Araber, sondern die Türken für das Abendland der Inbegriff und das Machtzentrum der muslimischen Welt gewesen, bis ins späte 17. Jahrhundert furchterregend, danach mehr und mehr als schwächlicher Anachronismus in der modernen Staatenwelt, als «kranker Mann am Bosporus», wie das zerbröckelnde Osmanen-Imperium in einer populären Phrase genannt wurde. 1453 hatte Sultan Mehmet II., «der Eroberer», Konstantinopel eingenommen und zur Hauptstadt des Reichs gemacht – ein Vorgang von mächtiger Symbolik, der Europa schockierte, obwohl man vorher das belagerte byzantinische Kaisertum in seiner Bedrängnis ziemlich alleingelassen hatte. An die Stelle von Ostrom, dem letzten fortlebenden Rest der Antike und Urkern christlicher Herrschaft, trat der Islam als Weltmacht – und als unerledigte, weiterwirkende Bedrohung. Die Türken machten sich im Mittelmeer breit (auf Kosten vor allem von Venedig); sie drangen nach Südosteuropa vor, Athen, Belgrad und Budapest gehörten zu ihrem Reich; und zweimal, 1529 und 1683, erschienen sie vor Wien.

Die «Türkengefahr» war eine feste Größe am politischen Horizont und im Bewusstsein Europas. Ein Chronist aus dem Elisabethanischen England, eigentlich weit genug weg vom Schauplatz der Kämpfe, nannte die osmanischen Krieger den «gegenwärtigen Schrecken der Welt». «Dieser Verlust ist groß», schrieb der Geistliche und Humanist Enea Silvio Piccolomini, der spätere Papst Pius II., in einem Brief nach dem Fall Konstantinopels, «doch weit grö-

ßer ist der andere, dass wir den christlichen Glauben einge-
schränkt und in einem Winkel zusammengedrängt sehen.
Denn nachdem er den ganzen Erdkreis gewonnen hatte, ist
er jetzt schon aus Asien und Afrika vertrieben und wird
in Europa nicht in Ruhe gelassen. Groß ist das Reich, das
die Tataren und Türken diesseits von Don und Hellespont,
die Sarazenen bei den Spaniern besetzt halten; klein ist das
Gebiet, das auf Erden den Namen Christi bewahrt ... Die
Lage ist schlimm, die Aussicht noch viel schlimmer. Wir
haben die Niederlage der Griechen erlebt, nun erwarten
wir den Untergang der Lateiner. Das Nachbarhaus ist ab-
gebrannt, jetzt wartet das unsere auf das Feuer. Wer steht
denn noch zwischen uns und den Türken? Nur ein wenig
Land und ein wenig Wasser trennt uns noch von ihnen.
Schon hängt über unseren Nacken der Türkensäbel ...»

Prinz Eugen, «der edle Ritter», der das türkische Heer
1683 bei der zweiten Belagerung von Wien besiegte, mit
entscheidender Hilfe des polnischen Königs Jan Sobieski,
ist als Retter des Abendlands berühmter geworden als
der Perserbezwinger Themistokles. Als die Griechen im
19. Jahrhundert das Joch des Osmanischen Reichs abschüt-
teln und ihre nationale Unabhängigkeit erringen wollten,
fieberten Liberale und Romantiker in ganz Europa mit
ihrem Freiheitskampf mit. Ein fernes Echo dieser «clash
of civilizations»-Stimmung ist noch in den besonders erreg-
ten Debatten über einen EU-Beitritt der Türkei zu spüren.
Richard von Weizsäcker erzählt in seinen Memoiren von
einem Gespräch, das er als Regierender Bürgermeister von
Westberlin, «der größten türkischen Stadt außerhalb der
Türkei», in den frühen achtziger Jahren mit dem damaligen deutschen Botschafter in Ankara hatte: «Er hielt meine
aufgeschlossene Politik gegenuber den Berliner Türken für

gefährlich: Der heldenhafte Widerstand der Wiener gegen die Türken vor dreihundert Jahren am Kahlen Berg werde sich in der Geschichte als vergeblich erweisen.»

Die westliche Überlieferung und Bilderwelt kennt auch den anderen, den noblen und großmütigen «Türken»: Bassa Selim in Mozarts Oper «Die Entführung aus dem Serail», der seine europäischen Gefangenen nach einem Fluchtversuch begnadigt, obwohl ihm selbst von einem spanischen Gouverneur, dem Vater eines der Männer, die in seiner Gewalt sind, sein ganzes Lebensglück zerstört wurde. Selim ist eine Figur wie Lessings «Nathan», der Andersgläubige, der die Christen durch seine Humanität beschämt. Aber im Allgemeinen hatten die Aufklärer für den Islam wenig Sympathie, der ihnen als Inbegriff von Obskurantismus und Despotie vorkam. Voltaires Theaterstück «Mahomet» ist bis heute imstande, Muslime zu beleidigen und bei Aufführungsversuchen wütenden Protest zu entfachen. Und als die russische Zarin Katharina die Große den Türken die Krim entriss, feuerte der Philosoph seine kaiserliche Korrespondenzpartnerin in seinen Briefen ausdrücklich und mit ungehemmter Kulturarroganz zum Dreinschlagen gegen die osmanischen Dunkelmänner an. Neben die Religionsrivalität des Christentums mit der muslimischen Konkurrenz tritt die Religionskritik, die im «fanatischen» Islam ein besonders dankbares Ziel findet. Auch damit wurde eine Tradition begründet; Alice Schwarzer ist heute eine mindestens so glühende Verfechterin europäischer Werte gegen Koran und Scharia wie der Papst.

Als die Türken 1683 vor Wien standen, mag das noch einmal wie eine tödliche Bedrohung des Abendlands gewirkt haben, aber in gewisser Weise war das eine optische Täuschung. Das Osmanische Reich hatte seine besten Tage hinter sich, wie die gesamte islamisch geprägte Kultur ihren Höhepunkt längst überschritten hatte. Vom neunten bis zum zwölften Jahrhundert, erst im arabischen Osten und dann im maurischen Spanien, hat die muslimische Welt eine Zivilisationsblüte erlebt, die so staunenerregend war wie vorher der Eroberungssturm, mit dem sie in die Geschichte eingebrochen war. Mathematik, Astronomie, Medizin bewegten sich hoch über abendländischem Niveau; «Ziffer» oder «Algebra» sind nicht zufällig arabischstämmige Wörter. Die Null und das dezimale Rechnen haben die Araber aus Indien «eingeführt», die Herstellung und den Gebrauch von Papier aus China – über die «Seidenstraße», persische Händler und die Mittelmeerhäfen der Levante kam der Abglanz des Orients nach Europa. Die griechische Wissenschaft und Philosophie wurde ins Arabische übersetzt, von dort ins Lateinische – so, nicht direkt aus Byzanz, erreichte sie das europäische Mittelalter. Kultureller Gegenverkehr fand kaum statt; an der Übertragung lateinischer Texte hatten die Araber kein Interesse. Es gab in ihren Augen im Westen offenbar nicht viel zu lernen. «Die Araber», hat der britische Universalhistoriker J. M. Roberts bemerkt, «hielten die Kultur der kalten Länder im Norden für eine dürftige, des Raffinements entbehrende Angelegenheit, und ohne Zweifel war sie das auch.»

Eine solche Überlegenheit hat das Osmanische Reich gegenüber Europa nicht besessen, auch nicht in den Augenblicken seiner größten Machtentfaltung. Im Westen entstand damals etwas, womit der Islam nicht konkurrieren konnte. Dieses Etwas ist nicht leicht zu fassen, es äußerte sich in vielen Dimensionen – es hat mit dem Individuum zu tun, mit einer neuen geistigen und praktischen Experimentierlust, Vorurteils- und Rücksichtslosigkeit, mit dem Abenteuer der Freiheit. Wie am orthodoxen Christentum die Epochenwende der Renaissance, der Reformation und der neuzeitlichen Wissenschaft, die «Entdeckung der Welt und des Menschen» (Jacob Burckhardt), vorbeigegangen ist, so auch am muslimischen Orient.

Bald nach der Einnahme Konstantinopels durch die Türken, noch unter demselben osmanischen Herrscher, der die Stadt besetzt hatte, ereignete sich eine kleine, politisch bedeutungslose Begebenheit, an der sich die geheime Gewichtsverlagerung zwischen Ost und West, die wachsende kulturelle Asymmetrie, illustrieren lässt: Sultan Mehmet II., der Eroberer Konstantinopels, hatte nach endlosen Scharmützeln im Mittelmeer und in der Ägäis 1479 Frieden mit den Venezianern geschlossen. Im Rahmen des neuen guten Einvernehmens bat er die italienische Stadt um die Übersendung eines tüchtigen Künstlers. So kam der venezianische Maler Gentile Bellini für achtzehn Monate nach Istanbul. Seine wichtigste Arbeit dort war ein Porträt des Sultans. «Es wurde so oft kopiert, variiert und adaptiert», bemerkt der türkische Schriftsteller Orhan Pamuk, «und die Reprints dieser Bilder schmücken so viele Lehrbücher, Buchdeckel, Zeitungen, Poster, Geldscheine, Briefmarken und Comics, dass es vermutlich keinen einigermaßen gebildeten Türken gibt, der das Motiv nicht schon Hunderte, wenn nicht Tausende Male gesehen hat. Von keinem anderen Sultan des Goldenen Zeitalters des Osmanischen Reiches, nicht einmal von Suleiman dem Prächtigen, gibt es ein so bekanntes Porträt. Mit seinem Realismus, seiner eingängigen Komposition und dem makellosen Schattenwurf am Rundbogen gibt es Mehmet die Aura eines Siegers. Es ist so nicht nur das Porträt eines Sultans, sondern gleichsam das Idealbild eines osmanischen Herrschers, so wie das berühmte Che-Guevara-Poster das Idealbild eines Revolutionärs zeigt. Die kunstvoll ausgearbeiteten Details – der markante Überbiss, die schlaffen Augenlider, die femininen Brauen und ganz besonders die lange, dürre Hakennase – machen das Bild aber gleichzeitig zu dem eines einzelnen Menschen, der sich trotz allem kaum von den Menschen unterscheidet, die man heute auf den überfüllten Straßen Istanbuls trifft.»

Es ist diese schon den Naturalismus streifende Personalisierung, die zugleich erkenntnishungrige und respektlose Genauigkeit, die Mehmet II. nur importieren konnte, weil sie in der einheimischen Kultur keinen Platz, keine Tradition und keine Legitimität besaß. «Das islamische Bilderverbot», so Orhan Pamuk, «die Angst vor Porträts und die Ignoranz gegenüber dem, was die Malerei im Europa der Renaissance schuf, bedeutete, dass osmanische Künstler keine lebensechten Porträts der Sultane malen konnten. Dieser Vorbehalt gegenüber den kennzeichnenden Merkmalen eines Menschen beschränkte sich nicht auf die Welt der Kunst. Auch osmanische Historiker, die sehr viel zu den militärischen und politischen Ereignissen ihrer Zeit schrieben, scheuten sich, über das Wesen ihrer Herrscher zu schreiben – obwohl es dafür kein religiöses Verbot gab.» Dass die Analyse und der Anspruch auf ein rationales Urteil auch vor der höchsten Autorität nicht haltmachen sollten, scheint den Rahmen der türkisch-islamischen Vorstellungswelt gesprengt zu haben.

Die Geschichte von Bellinis Bild und von den Mentalitätsunterschieden, die sie zeigt, ist nur ein Beispiel für jenes Zurückbleiben und Abgehängtwerden, das nun mehr und mehr zum Schicksal des Osmanischen Reichs und der gesamten islamischen Welt werden sollte. Das Abendland der frühen Neuzeit hatte Grenzen zu überschreiten begonnen, die seine Konkurrenzkultur im Orient nicht überwinden konnte oder wollte. Ihre Kanonen mussten sich die Sultane von europäischen Handwerkern gießen lassen; der westliche Schiffbau, vom 16. Jahrhundert an auf die Überquerung der Ozeane ausgelegt, ließ den türkischen hinter sich, der in den Dimensionen des Mittelmeers steckenblieb. Die Druckerpresse, bald das wichtigste Medium für die Verbreitung von Wissen und für den Austausch und den Wettstreit von Ideen, galt dem islamischen Establishment als gefährlich für Religion und Ordnung. Napoleon vermochte 1789 mit einem kleinen Expeditionskorps Ägypten zu erobern, und keine muslimische Armee, sondern die britische Flotte unter Admiral Nelson hat die Franzosen ein paar Jahre später wieder aus dem Land vertrieben – die Lektion, bemerkt Bernard Lewis, war klar: «Nicht nur konnte eine europäische Macht kommen und tun, was ihr beliebte, es konnte auch nur eine andere europäische Macht ihr wieder den Laufpass geben.»

Selbst Kaffee und Zucker, die seit Jahrhunderten von Arabern und Türken aus Ostafrika, Persien und Indien ins Abendland gebracht worden waren, bauten die Europäer nun in ihren neuen tropischen Kolonien an – und exportierten die einst exklusiv orientalischen Köstlichkeiten bald in den Osten. Keiner der Reformversuche, die das Osmanische Reich im 18. und 19. Jahrhundert unternommen hat, hat diese Machtverschiebung und historische Schubumkehr mehr rückgängig gemacht. Die geschwungenen Rokoko-Elemente oder Minarette in der Form klassizistischer Säulen, die unter europäischem Einfluss in die Istanbuler Moscheenarchitektur eingedrungen sind, wirken wie Wahrzeichen einer tief verunsicherten, unselbständig und passiv gewordenen Kultur: nicht Modernisierung, sondern Selbstaufgabe.

Schon als die Europäer mit ihren Übersee-Erkundungen und -Eroberungen begannen und vor allem die Portugiesen im 16. Jahrhundert im Indischen Ozean und bis in den Fernen Osten hinein ihre frühen kolonialen Stützpunkte errichteten, hielt das Osmanische Reich nicht mit. Wohl hat man die See-Expansion der westlichen Mächte in Istanbul mit Sorge registriert. Es war schließlich so etwas wie eine Umgehungsoperation, eine Bewegung, mit der sich die Europäer von der historischen Front auf dem Balkan, im Mittelmeer und in der Levante lösten und auf einmal im Rücken ihres Gegners auftauchten. Einige muslimische Herrscher in Asien baten den Sultan, als vornehmsten Fürsten in der islamischen Welt, um Hilfe gegen die christlichen Eindringlinge. Es gab ein paar Unternehmungen zum Horn von Afrika, ins Rote Meer und nach Indien, und 1563 schickte sogar der König von Aceh auf Sumatra eine Gesandtschaft nach Istanbul, mit der er um Unterstützung gegen die Portugiesen ersuchte. Es wurde auch eine größere Expedition vorbereitet, die sich aber plötzlich eines dringlicheren Krisenherds annehmen musste, sodass nur zwei Schiffe nach Sumatra fuhren. Eine wirkliche Gegenoffensive zum globalen Ausgreifen der Europäer fand nie statt, und schon im 17. Jahrhundert hatte das Osmanische Reich den Versuch ganz aufgegeben, in Südasien und im Fernen Osten eine strategische Rolle zu spielen.

Der Islam, der einst mit beispielloser historischer Wucht

und Schnelligkeit nach Europa und Afrika, Indien und Zentralasien vorgestoßen war, nahm am neuzeitlichen Kampf um die Weltherrschaft nicht mehr teil. Aber das Europa, gegen das er den Kürzeren zog, war schon nicht mehr das christliche Abendland, mit dem die Muslime über Jahrhunderte koexistiert und rivalisiert hatten, sondern der moderne Westen.

Die westliche Weltherrschaft

Hätte auch alles ganz anders kommen können? Fünfhundert Jahre nachdem Kolumbus in Amerika gelandet und Vasco da Gama um die Südspitze Afrikas herum in den Indischen Ozean gesegelt ist, wirkt die Welteroberung durch den Westen wie eine lange, ununterbrochene Erfolgsgeschichte, womöglich wie ein gesetzmäßiger Prozess. Die führenden Mächte rivalisierten miteinander und lösten sich gegenseitig in der Avantgarde-Position des erdumspannenden Beute- und Missionierungszugs ab, aber europäisch oder Abkömmlinge Europas waren sie immer. Es begann mit den Spaniern und Portugiesen, dann folgten die Holländer, und auf dem Höhepunkt des Imperialismus, am Vorabend des Ersten Weltkriegs, war das britische Empire mit seiner Herrschaft über die Weltmeere die unbestritten erste globale Macht, gefolgt von den Franzosen. Überall hatte der Okzident seine Vormachtstellung etabliert: in Mittel- und Südamerika durch die Vernichtung der eingeborenen Kulturen und die Katholisierung und Iberisierung des ganzen Subkontinents; in Nordamerika und Australien durch Einwanderung und Besiedlung samt Marginalisierung und

Dezimierung der Ureinwohner; in Indien und Afrika durch direkte koloniale Besitznahme; und in China durch eine Politik der demütigenden Entmündigung und der Zwangsöffnung für westliche Interessen.

Europas Hegemonie hat die Selbstzerfleischung des Kontinents in den beiden Weltkriegen des 20. Jahrhunderts nicht überlebt. Die Kolonialreiche wurden aufgelöst. Aber der Anspruch auf die globale Führungsrolle ist in der abendländischen Familie geblieben. Die Vereinigten Staaten lösten das Vereinigte Königreich als ökonomisches und imperiales Zentrum ab: Pax Americana statt Pax Britannica. Und wenn die USA während des Kalten Krieges ihre Vormachtstellung mit der Sowjetunion teilen mussten, dann war selbst das in gewisser Weise noch eine innerwestliche Angelegenheit, die Konkurrenz mit einem Gegenspieler, der seine Ideologie auf die Schriften eines deutschen Philosophen, geboren in Trier und später wohnhaft in London, stützte. Die vom Kolonialismus befreiten Völker des Südens haben sich der fremdbestimmten Weltordnung auch im 20. Jahrhundert nicht entziehen können, sondern sind bald wieder zum Spielball der neuen Supermächte geworden. Der Wettlauf zwischen Briten und Franzosen um die Ausfüllung der letzten weißen Flecken auf der Landkarte Afrikas wurde ersetzt durch das Locken und Zerren, mit dem die Amerikaner und die UdSSR Klientenstaaten für ihr weltpolitisches Lager gewinnen wollten.

Historiker der westlichen Erfolgsgeschichte haben seit langem gesehen, wie wenig selbstverständlich der Weg Europas zur globalen Dominanz zumindest in den Anfängen gewesen ist. Andere Weltgegenden waren bevölkerungsreicher, mit fruchtbarerem Boden und größeren Schätzen gesegnet, mit eindrucksvolleren Traditionen wohlorganisierter und machtvoller Staatlichkeit, während das Abendland seit dem Untergang des Römischen Reichs politisch zersplittert blieb. Andere waren auch schneller, sich etwas Neues auszudenken: Kompass, Porzellan, Papier, Schießpulver, Druckerei sind chinesische Erfindungen. Noch zu Beginn des 19. Jahrhunderts, vor dem Einsetzen der Industriellen Revolution, so schätzt man, entfielen auf China etwa 30 Prozent der Weltwirtschaftsleistung, auf Indien knapp 15; ganz Europa trug 15 und die Vereinigten Staaten trugen 2 Prozent bei.

Erst neuerdings, mit dem ökonomischen Boom und dem wachsenden politischen Selbstbewusstsein im ferneren und fernen Osten, sind diese exotischen Daten wirklich interessant und wieder dramatisch aktuell geworden – als Ausblick auf eine mögliche Zukunft. Jetzt gibt es indische und chinesische Kommentatoren, die den europäisch-amerikanischen Triumph als bloßes historisches Zwischenspiel und den gegenwärtigen Aufstieg Asiens als Wiederherstellung des globalen Normalzustands darstellen: Die Welt sah vor dem Aufbruch der europäischen Kolonisatoren einmal ganz anders aus, und bald, nach dem Ende des «unipolaren» amerikanischen Augenblicks, wird sie es wieder sein.

Das alte China, das «Reich der Mitte», regiert vom Kaiser, der sich «Sohn des Himmels» nannte, ist nach dem uns geläufigen Bild ein hochkultiviertes, aber selbstzentriertes Land gewesen, ohne Neugier auf die Außenwelt, auch ohne imperiale Ambitionen über seinen eigenen riesigen Festlandsbesitz hinaus. Jeder kennt die Chinesische Mauer, das Bollwerk gegen die periodisch drohenden Barbareneinfälle aus dem Norden. Als typisch für den hochmütigen chinesischen Isolationismus gilt die Antwort, die ein Kaiser im 18. Jahrhundert auf einen Brief des englischen Königs Georg III. gab, der die Aufnahme von diplomatischen und wirtschaftlichen Beziehungen vorgeschlagen hatte: Das Ansinnen, britische Botschafter am Kaiserhof zu akkreditieren und britischen Bürgern freien Handel mit China zu erlauben, stehe allen Traditionen entgegen und sei eine undenkbare Idee. Die Riten und Gesetze der beiden Länder seien ganz verschieden, und selbst wenn die ausländischen Gesandten sich die einfachsten Grundbegriffe der chinesischen Zivilisation aneignen könnten, so wäre es doch nicht möglich, «unsere Sitten und Bräuche auf Euren fremden Boden zu verpflanzen». Das Fazit des Kaisers: «Die ganze Welt im Blick, habe ich nur ein Ziel vor Augen, nämlich eine vollkommene Regierung auszuüben und die Pflichten des Staates zu erfüllen. Ich lege keinen Wert auf wunderliche oder kunstreiche Gegenstände und habe keinen Bedarf an den Produkten Eures Landes.»

Aber diese Selbstgenügsamkeit, in der es schließlich erstarrte, seinen kulturellen Vorsprung verlor und am Ende zum hilflosen Anachronismus und zur Beute des Westens wurde, ist nicht die ganze Wahrheit über das vorkoloniale, vormoderne China, nicht seine einzige historische Möglichkeit. Zu Beginn des 15. Jahrhunderts, zwischen 1405 und 1433, hat das Landreich der Mitte sieben ehrgeizige maritime Expeditionen unternommen, mit einer gewaltigen Flotte unter dem Kommando des Admirals Zheng He – neunmastige Dschunken, neben denen die europäischen Entdeckerkaravellen der Kolumbuszeit zwergenhaft ausgesehen hätten, begleitet von Kriegs- und Versorgungsschiffen, Wassertransportern und Patrouillenbooten. Eine Armada, hat Louise Levathes, die moderne Geschichtsschreiberin dieser erstaunlichen Episode, festgestellt, wie sie bis zu den Kriegsmarinen des Ersten Weltkriegs nicht mehr gesehen wurde.

Die chinesische «Schatzflotte», beladen mit Seide, Porzellan und Kunsthandwerk, erreichte die malaiische Inselwelt und Südindien, den Persischen Golf, das Rote Meer und die Küste Ostafrikas, die mitgebrachten Kostbarkeiten eintauschend gegen Gewürze, Edelsteine und exotische Tiere und heimkehrend mit Ehrenbezeigungen und Loyalitätsbekenntnissen für den Kaiser. Die Expeditionen waren eine Geste, die Vorführung chinesischer Größe und das Einholen symbolischen Tributs an den Sohn des Himmels. In ihnen zeigte sich aber auch eine machtpolitische Möglichkeit mit schwer absehbaren Konsequenzen: die potentielle Seeherrschaft über den Indischen Ozean, ein Dreivierteljahrhundert vor dem Auftauchen der Europäer und mit einer Massivität und Raffinesse, denen die spanischen und portugiesischen Zeitgenossen nicht gewachsen gewesen wären. Wie hätte sich die Geschichte des vergangenen halben Jahrtausends entwickelt, wenn China diese Bahn weiterverfolgt hätte? Wenn Vasco da Gama auf der Fahrt nach Indien der überlegenen «Schatzflotte» begegnet wäre? Wenn Zheng He mit seinen Schiffen in Lissabon gelandet wäre, bevor sich die Portugiesen überhaupt nur hätten auf den Weg machen können? Wenn der Westen nicht entdeckt hätte, sondern entdeckt worden wäre?

Stattdessen stellten die Chinesen in einer abrupten Wendung nach einem guten halben Dutzend Expeditionen der «Schatzflotte» die Hochseeschifffahrt wieder ein. Die Reparatur der großen Schiffe unterblieb, der Bau von Booten mit mehr als zwei Masten wurde verboten, die existierenden zerstört. Die konfuzianische Denkschule, nach der

Landwirtschaft die Grundlage der Staatswohlfahrt und Handel und Erwerbssinn moralisch anrüchig waren, hatte sich durchgesetzt; auch eine aktive Außenpolitik wollte man nicht, weil sie als frivole Ressourcenvergeudung galt und das implizite Eingeständnis bedeutet hätte, dass China doch nicht vollkommen und bedürfnislos, dass es nicht schlechthin alles war.

Das Land zog sich von der Außenwelt zurück, bis die Außenwelt zu ihm kam: Im 19. Jahrhundert brachen die westlichen Mächte die Isolation mit Gewalt auf, etablierten an den Küsten ihre Handelsposten, drängten dem Land ihre Waren auf und mischten sich rücksichtslos in die Politik von Hof und Reich ein. Das Trauma der Fremdbestimmung – es zu überwinden, es nie wieder dahin kommen zu lassen, wurde zum Antrieb für die neue chinesische Selbstbehauptung im 20. Jahrhundert, für Maos brutales Streben nach revolutionärer Autarkie und für den «friedlichen Aufstieg» durch das Wirtschaftswunder in unseren Tagen.

Womöglich wird dabei auch die Geschichte des Admirals Zheng He und der chinesischen Seemacht nach sechs Jahrhunderten noch einmal wiederaufgenommen und fortgesetzt werden. 2005 hat das Nationalmuseum in Peking ihm und seinen Expeditionen eine rühmende Ausstellung gewidmet. Noch ist es uns selbstverständlich, dass China, auch das erstarkende China, in erster Linie Kontinental- und Regionalmacht bleiben wird, ohne die weltweiten Interventionskapazitäten und -interessen, wie sie die Vereinigten Staaten besitzen. Das Land hat keine missionarische Religion wie das Christentum oder den Islam, die friedlich oder mit Feuer und Schwert zur Weltbekehrung geschritten wäre; es hat, weil eben aus den Fahrten der «Schatzflotte»

keine Kolonialpolitik wurde, keine Tradition eines über-
seeischen Imperialismus. Das Streben nach Weltherrschaft
scheint nicht in seinen geschichtlichen Genen zu liegen.

Ob es in einem wirklich globalisierten Zeitalter jedoch
bei dieser Selbstbeschränkung bleiben kann, ist eine sehr
offene Frage. Globale Hegemonie, globale Handlungsfähigkeit setzt Seemacht voraus (und ihre jüngere Schwester, eine
Luftwaffe mit interkontinentaler Reichweite) – man muss
seine Macht an jedem Punkt der Erde zur Wirkung bringen können, und man braucht Zugriff auf die Infrastruktur, die Transportwege der Weltwirtschaft. Wird China auf
Dauer damit leben wollen, dass die US-Flotte als einzige
die Meerenge von Hormuz oder die Straße von Malakka
kontrollieren kann, dass also das letzte Wort über die Öl-
versorgung immer von den Vereinigten Staaten gesprochen
wird, ganz gleich, welche Explorations- und Förderrechte
sich Peking für viel Geld in Afrika oder anderswo sichern
mag? Keine militärische Entwicklung im heutigen China,
außer den Fortschritten seiner Raketen- und Weltraumrüs-
tung, wird vom Pentagon mit so viel Unruhe betrachtet
wie die Ansätze zum Bau einer Hochseeflotte.

Für einige Jahrhunderte, immerhin, hat der Westen es geschafft, alle anderen hinter sich zu lassen. Vielleicht, so die
Vermutung der vergleichenden Geschichtsforschung, sind
es gerade die Schwächen Europas gewesen, die auf para-
doxe Weise zu seinem Vorteil ausschlugen. Das Fehlen
eines zentralistischen Großreichs, die politische Fragmen-
tierung, bedeutete auch belebenden Wettbewerb, eine Art
«Benchmarking», wie es im zeitgenössischen Unterneh-
mensjargon heißen würde, bei der sich Verfassungsformen,
Regierungen, Staatsphilosophien miteinander messen

mussten. Die französischen Hugenotten und die Salzburger Protestanten, die von ihren katholischen Landesherren drangsaliert wurden, fanden im protestantischen und aufklärerischen Preußen Zuflucht, sehr zum Nutzen ihrer neuen Heimat. Wohin, hat der Wirtschaftshistoriker David Landes bemerkt, hätte ein chinesischer «Dissident» auswandern sollen, in einem gigantischen Reich, das sich als Mittelpunkt der Welt und Inbegriff aller Zivilisation verstand?

Nicht Machtkonzentration, sondern Machtteilung und Machtbegrenzung war die Grundformel Europas. Alle Versuche, den Kontinent unter das Joch einer Alleinherrschaft zu zwingen, sind am Widerstand seiner eigensinnigen Staaten und Völker gescheitert – von den Habsburgern, in deren Reich die Sonne nicht unterging, über Napoleon bis zu Hitler. Nur im Abendland hat sich, wieder dank der Grenzen der Fürstenmacht, die Stadt als Lebensform und sozialer Organismus mit starkem Selbstbewusstsein und verbrieften Sonderrechten entwickelt, als Pflanzstätte und Laboratorium von Handel, Gewerbe und Bürgertum. Machtteilung auch spirituell und weltanschaulich: Während der Gründer des Islams ein Krieger war und eine religiös-gesellschaftliche Gesamtordnung geschaffen hat, ist der Stifter des Christentums von der Staatsmacht hingerichtet worden; sein Reich war so wenig von dieser Welt wie das der vorausgegangenen jüdischen Propheten, die sich regelmäßig den Königen (und ihren gottvergessenen Landsleuten) entgegengestellt hatten.

Immer Spaltungen, Spannungen, Dualismen: Papst und Kaiser, Kirche und Staat, Geist und Macht – der moderne Intellektuelle nahm die Stelle der Propheten und Priester ein, die den irdischen Autoritäten im Namen ewiger Gesetze und Prinzipien ins Gewissen geredet und ihnen oft genug den Kampf angesagt haben. Die Reformation schuf den Konflikt und die Konkurrenz zwischen katholisch und evangelisch: abermals ein Riss in der Welt, ein Schlag gegen die totalitäre Idee einer Ordnung ohne Opposition. Renaissance und Humanismus holten die griechisch-römische Antike als alternative, nichtchristliche Grundlegung der europäischen Kultur aus der Vergangenheit hervor – das war mehr als eine Kunstbewegung, nämlich eine ästhetisch verbrämte Ketzerei. Die Geschichte Europas ist eine Geschichte des «Aber», des «Anders», des «Nein». Etwas muss diese Freiheitstendenz zu tun haben mit den Kräften und Institutionen, die zu den Wesensmerkmalen der modernen Welt geworden sind: der Marktwirtschaft, dem Pluralismus der offenen Gesellschaft, dem politischen System der Gewaltenteilung und Volkssouveränität, der mathematischen und experimentellen Naturwissenschaft, die das Fundament einer immerwährenden technologischen Revolution bildet.

Trotz aller frühen Entdeckungen anderswo: Nur in Europa ist jene nimmermüde Innovations- und Anwendungsmaschine ins Laufen gekommen, mit der das Gefundene bewahrt, perfektioniert und dann für die nächste, neuere, bessere Erfindung wieder umgestoßen und zurückgelassen wurde, getrieben von einer andernorts unbekannten Dynamik aus Rationalität, Machbarkeitsglauben und kontrollierter, systematischer Neugier und Gier. David Landes zitiert die barocken Namen, mit denen die Chinesen ihre geschützartigen Waffen zu bezeichnen liebten, Titulaturen wie «neunbogiger, herzdurchdringender, zauberwirksam-giftiger Feuerdonnerer». Es muss sich, legt Landes nahe, um eindruckschindende Knallkörper mindestens so sehr wie um zweckmäßiges Kriegsgerät gehandelt haben – ganz ähnlich, wie die Expeditionen des Admirals Zheng He den Stolz und die Größe des chinesischen Kaiserreichs mehr demonstrieren als durch konsequente Macht- und Kolonialpolitik ausbauen sollten. Die Europäer dagegen interessierten sich nur für die Effizienz der Waffen, für Feuerkraft und Zielgenauigkeit, und entwickelten die moderne Artillerie, mit der sie schon im 16. Jahrhundert die militärische Überlegenheit über alle anderen Weltzivilisationen gewannen und sich letztlich die Herrschaft über den Globus sicherten. Kein anderer Gott auch hatte seinen Gläubigen wie der jüdisch-christliche gesagt: «Macht euch die Erde untertan.»

Nach außen ist die abendländische Emanzipations- und Aufklärungsgeschichte die Geschichte einer beispiellosen Angriffslust und niederwalzenden Expansivität gewesen. «Wie verschieden», hat der britische Kulturphilosoph Arnold Toynbee schon in den frühen 1950er Jahren selbstkritisch festgestellt, «die nichtwestlichen Völker der Welt auch voneinander sein mögen in Rasse, Sprache, Kultur und Religion – wenn irgendein westlicher Fragesteller sich nach ihrer Meinung über den Westen erkundigt, wird er von ihnen allen dieselbe Antwort hören: von Russen, Muslimen, Hindus, Chinesen, Japanern und allen übrigen. Der Westen, werden sie ihm sagen, ist der Erz-Aggressor der neueren Zeit gewesen, und jeder wird seine eigene Geschichte westlicher Aggression als Anklage vorzubringen haben. Die Russen werden daran erinnern, dass westliche Armeen 1941, 1915, 1812, 1709 und 1610 in ihr Land einmarschiert sind. Die Völker Afrikas und Asiens werden daran erinnern, dass westliche Missionare, Händler und Soldaten von jenseits des Meeres seit dem 15. Jahrhundert von den Küsten her in ihre Länder eingedrungen sind. Die Asiaten werden auch daran erinnern, dass die Westler zur selben Zeit den Löwenanteil der letzten menschenleeren Regionen der Welt besetzt haben, in Amerika, Australien, Neuseeland und Süd- und Ostafrika. Die Afrikaner werden daran erinnern, dass sie versklavt und über den Atlantik verschleppt wurden, als lebende Werkzeuge, um der Bereicherungssucht ihrer westlichen Herren zu Diensten zu sein. Die Abkömmlinge der eingeborenen Bevölkerung von Nordamerika werden daran erinnern, dass ihre Vorfahren beiseitegeschoben wurden, um für die westeuropäischen Eindringlinge und ihre afrikanischen Sklaven Platz zu schaffen.»

Nicht, dass der Sieg des Abendlandes hundertprozentig gewesen wäre. Das Christentum, das markanteste Kennzeichen des mittelalterlichen Europa, ist eine Weltreligion geworden – erobert hat es die Welt nicht. Lateinamerika wurde mit Gewalt zum Katholizismus bekehrt, und nach Nordamerika und Australien haben die Einwanderer und Siedler ihren Glauben mitgebracht. Aber der spätere Kolonialismus hat, außerhalb von Afrika, kaum mehr imponierende Missionserfolge erzielt. In Indochina gab es zum Ende der französischen Herrschaft eine starke christliche Minderheit; an Indien dagegen ist die Zugehörigkeit zum britischen Empire religiös so gut wie spurlos vorübergegangen. Aus Japan und China wurden die Missionare, nachdem sie im 16. und 17. Jahrhundert eine recht ansehnliche Anhängerschaft hatten sammeln können, schließlich verbannt und ausgesperrt.

«Gehet hin und lehret alle Völker ...», hatte Christus seinen Jüngern im Evangelium geboten, und der Missionsbefehl ist tatsächlich eines der Motive für die europäischen Entdecker und Eroberer gewesen, in unklarer Mischung mit der politischen und materiellen Habsucht. Doch es war nicht der Glaube des Westens, der sich bei «allen Völkern» durchgesetzt hat, sondern seine Technik, Wirtschaft und Kriegsmethode, etwas mühsamer sein Rechtssystem und Regierungswesen. Im wahrscheinlich berühmtesten Zeugnis des Imperialismus, das eine unsterbliche Formel geprägt hat, in Rudyard Kiplings Gedicht «The white man's burden» (Die Bürde des weißen Mannes), das er 1899 den Amerikanern zum Erwerb der Philippinen gewidmet hat, ist zwar von den Eingeborenen, den Empfängern der westlichen Kulturwohltaten, als Heiden die Rede. Aber in seinem Bild der Kolonialherren spielt die Religion keine Rolle; sie bringen nicht Bibel und Kreuz, sondern Recht und Ordnung; sie bauen Häfen und Straßen, sättigen die Hungernden und heilen die Kranken. «Wir» und «die anderen» – das hieß jetzt, anders als in den Kreuzzügen oder Türkenkriegen, immer weniger «wir Christen» und «die Andersgläubigen»; der entscheidende, identitätsstiftende, die Vormundschaft rechtfertigende Gegensatz wurde die Antithese zwischen Zivilisation und rohem Naturzustand, zwischen Fortschritt und finsterer Rückständigkeit.

Es steckt ein Widerspruch in dieser Idee der Zivilisation, die zum Leitmotiv der europäisch-amerikanischen Weltbemächtigung geworden ist. Die Zivilisation war etwas Besonderes und Einmaliges, sie gehörte dem Westen, sie war die Legitimation für seinen Herrschaftsanspruch. Sie wollte aber auch, wie das Christentum, universal gelten, und sie erwies sich, anders als das Christentum, tatsächlich als universal attraktiv; alle sollten sich ihr unterwerfen, zugleich sollte sie allen zugänglich sein – sie war im Grunde schon die Frühgestalt der heutigen globalen Moderne. Waffentechnik und militärische Disziplin, breite Schulbildung, Hygiene und Medizin, Ingenieurwesen und Industrie, effektive Staatsverwaltung – das ganze Arsenal des Fortschritts war im Prinzip herrenloses Gut, wegen seines rationalen Charakters für alle offen, die ihre Scheu vor der Veränderung überwanden und sich anstrengten. Der Westen, der sich eine zivilisatorische Mission zuschrieb, konnte die Zivilisation nicht als Privileg für sich behalten; gerade der größte Triumph seiner Kultur, dass sie nicht nur überlegen war, sondern sich als unwiderstehlich ansteckend erwies, entwand sie seinen Händen, jedenfalls seiner exklusiven Verfügung. Für den aufgeklärten Kolonialismus sind die Kolonisierten nicht Tiere oder Untermenschen, sondern Kinder, und wenn sie erwachsen geworden sind, muss man sie in die Mündigkeit entlassen. Mit dieser Erziehungsperspektive haben die Briten in Indien erst ihre Herrschaft gerechtfertigt und schließlich selbst die Argumente für ihren Abzug geliefert.

In der Universalität der westlichen Errungenschaften, in ihrer allseitigen Transplantierbarkeit, wenn sie erst einmal religiös säkularisiert, kulturell entfärbt und aufs Technische reduziert sind, liegt aber ein noch dramatischeres Spannungsmoment. Die Zivilisation als Moderne stellt auf diese Weise die Instrumente bereit, mit denen man sich gegen den Westen selbst behaupten kann. Keine traditionelle Kultur vermag der von Toynbee beschriebenen «Aggression» standzuhalten, sie wird einfach niedergemacht wie die Azteken in Mexiko von den Stahlschwertern, Armbrüsten und Kanonen der spanischen Eroberer. Doch die europäische Aggression hat ihre eigene Gegenkraft geschaffen, sie hat die Übernahme westlicher Zivilisationstechniken und -produkte inspiriert, um in einer westlich geprägten Welt überleben, mithalten, womöglich selbst an die Spitze treten zu können. Nicht die Neinsager und Verweigerer, die starren Konservativen, haben dem Westen die Grenzen seiner Macht aufgezeigt, sondern die Reformer und Modernisierer, die in die Schule der «Aggressoren» gingen, die ihre Kunstgriffe erlernten, sich ihren Methoden anpassten und ihnen so gewachsen sind.

Ihr Ahnherr war Peter der Große, der Zar, der Russland um 1700 in die europäische Neuzeit peitschen wollte, der persönlich, inkognito, in England und Holland den Schiffbau studiert hatte, sich von ausländischen Architekten auf Sumpfboden eine neue Hauptstadt, St. Petersburg, errichten ließ und seinem Adel die altrussischen Sitten (darunter das Tragen langer Bärte) austrieb. Peter machte aus einem halbbarbarischen Feudalgebilde einen absolutistischen Staat mit leidlich funktionierender Bürokratie und vor allem einer schlagkräftigen Armee; obgleich nur auf allerdünnster Oberfläche europäisiert, war Russland fortan aus der europäischen Politik nicht mehr wegzudenken, eine immer etwas unheimliche, überdimensionierte, sich in der asiatischen Tiefe verlierende Großmacht.

Japan fasste seinen «petrinischen» Modernisierungsentschluss 1867/68, nach zweieinhalb Jahrhunderten der Isolation von der Außenwelt, es verordnete und verschaffte sich in einem Kraftakt von wenigen Jahren ein öffentliches Schulwesen, die Wehrpflicht, eine konkurrenzfähige Textilindustrie, die Elektrifizierung – alles nach europäischem Vorbild, französisch, britisch, deutsch; man reiste, verglich, griff sich das Beste und Passendste heraus. Das Christentum hatte Japan nach einigem Zögern schließlich entschlossen und brutal zurückgewiesen, die Moderne hätte es nur um den Preis von Ohnmacht und Abhängigkeit, des chinesischen Schicksals, zurückweisen können – so machte es sie sich zu eigen und nutzte sie für seinen Aufstieg. Als das Land 1905 im Krieg gegen Russland die Festung Port Arthur am Gelben Meer erobert und in der Seeschlacht von Tsushima die zaristische Flotte versenkt hatte, war das seit Menschengedenken der erste strategische Sieg einer nichtwestlichen Macht über die militärischen Kräfte der Weißen.

Schließlich Kemal Atatürks Neuschaffung der Türkei nach dem Untergang des Osmanischen Reichs am Ende des Ersten Weltkriegs: das Herauszerren eines zeitgemäßen Nationalstaats aus den Ruinen eines Imperiums, eine geradezu brutale Wendung nach Westen, samt Einführung der lateinischen Schrift, dem Verbot von Fez und Schleier und einem antiislamischen Säkularismus, der das laizistische Musterland Frankreich vor Neid hätte erblassen lassen müssen.

Es ist leicht, in allen diesen Zwangs- und Importreformen die Defizite und Defekte zu finden. Sie können seelisch zerrissene Nationen schaffen – in Russland den bis heute nachwirkenden Dauerkampf zwischen «Westlern» und nostalgischen «Slawophilen» oder ostwärts orientierten «Eurasiern», in der Türkei die islamistische Gegenbewegung zum Atatürk'schen Religionsmisstrauen und Fortschrittsglauben. Oft bleibt gerade das auf der Strecke, was heutige Europäer und Amerikaner für das Herzstück ihrer Philosophie und Lebensform halten würden: Freiheit und Menschenrechte. Die Modernisierung à la Peter dem Großen hat die russische Despotie womöglich noch verschärft, in der Türkei wird das Regiment der Aufklärung in letzter Instanz höchst undemokratisch von den Regimentern des Militärs garantiert, und die japanische Gesellschaft ist mit ihren autoritären und clanhaften Zügen auch als vollentwickelte, erfolgreiche kapitalistische Wirtschaft vom Ideal des liberalen Individualismus weit entfernt. Modernisierung, hat Samuel Huntington bemerkt, ist nicht gleich Verwestlichung, sie kann auch dazu dienen, sich mit westlichen Waffen gegen die Ideen des Westens aufzurüsten.

Doch gerade darin liegt die starke, beunruhigende Bedeutung dieser Beispiele von selektiver und gewissermaßen partisanenhafter Modernisierung: dass die Veränderung der Welt mehr, aber auch weniger ist als ihre Beherrschung, dass der Organismus der Neuerung, den Europa und dann die Vereinigten Staaten in einem gigantischen historischen Freilandversuch ausgesetzt haben, Mutationen hervorbringt, die nicht mehr zu kontrollieren sind. Jeder fragt sich, ob das künftige China zum ultimativen Beispiel einer solchen unwestlichen Moderne wird.

Dass dem Westen sein eigenes Projekt entgleiten, dass er vom selbstentfesselten Zug der modernen Zeit abgehängt oder unter seine Räder kommen könnte, ist lange vor den aktuellen Globalisierungsängsten und furchtsamen Blicken auf ein neuerdings boomendes Asien zum Gegenstand sorgenvoller, bisweilen hysterischer Ahnung und Spekulation geworden. In Oswald Spenglers Hauptwerk, dem berühmten geschichtsphilosophischen Wälzer «Der Untergang des Abendlandes» von 1923, spielt die Welt der Kolonisierten noch so gut wie keine Rolle. Der «Untergang des Abendlandes» ist ein innerer Prozess, ein Dekadenzgeschehen, die Erfüllung eines quasi biologischen Lebensschemas, in dem auf die Blüte einer Kultur notwendig ihr Verfall folgt.

Aber in einer kleinen späteren Schrift, «Der Mensch und die Technik» (1931), hat Spengler mit geradezu apokalyptischem Schrecken die Konkurrenz entdeckt – die nichtwestliche Menschheitsmehrheit, die sich inzwischen das Rezept für den Zaubertrank angeeignet hat, der Europa und Amerika unbesiegbar machte:

«Statt das technische Wissen geheim zu halten, den größten Schatz, den die ‹weißen› Völker besaßen, wurde es auf allen Hochschulen, in Wort und Schrift prahlerisch aller Welt dargeboten, und man war stolz auf die Bewunderung von Indern und Japanern. Die bekannte ‹Industriezerstreuung› setzt ein, auch aus der Überlegung, dass man die Produktion dem Abnehmer nähern müsse, um größere Gewinne zu erzielen. Es beginnt statt des Exports ausschließlich von Produkten der Export von Geheimnissen, von Verfahren, Methoden, Ingenieuren und Organisatoren. Selbst Erfinder wandern aus ... Alle ‹Farbigen› sahen in das Geheimnis unserer Kraft hinein, begriffen es und nützten es aus. Die Japaner wurden binnen dreißig Jahren technische Kenner ersten Ranges und bewiesen im Kriege gegen Russland eine kriegstechnische Überlegenheit, von welcher ihre Lehrmeister lernen konnten. Heute sind allenthalben, in Ostasien, Indien, Südamerika, Südafrika, Industriegebiete entstanden oder in Bildung begriffen, die infolge ihrer niedrigen Löhne eine tödliche Konkurrenz darstellen ... Die Gegner haben ihre Vorbilder erreicht, vielleicht mit der Verschmitztheit farbiger Rassen und der überreifen Intelligenz uralter Zivilisationen übertroffen. Wo es Kohle, Erdöl und Wasserkräfte gibt, kann eine neue Waffe gegen das Herz der faustischen Kultur geschmiedet werden. Hier beginnt die Rache der ausgebeuteten Welt gegen ihre Herren.» Das ist, in der befremdlichen Sprache eines schnarrenden Schulmeister-Imperialismus vorgetragen, eine Klage über Outsourcing, Lohndumping und Produktpiraterie, wie sie mühelos in unser frühes 21. Jahrhundert passen würde.

Arnold Toynbee, Gegen-Spengler und Antiimperialist, christlicher Geschichtsphilosoph, den kein Ressentiment plagte, hatte das Zeug zu einem besseren welthistorischen Verlierer. In einem Vortrag im Jahr 1947 fragte er sich, was die Historiker in hundert Jahren für das große Ereignis des 20. Jahrhunderts halten würden. Ohne Zweifel, so seine Antwort, den Einfluss der westlichen Zivilisation auf alle anderen Gesellschaften ihrer Zeit – «ein so gewaltiger und durchdringender Einfluss, dass er das Leben seiner Opfer von oben nach unten kehrte und von innen nach außen stülpte, tief eingreifend in das Verhalten, die Weltsicht, die Gefühle und den Glauben einzelner Männer, Frauen und Kinder, Saiten in der menschlichen Seele anschlagend, die von bloßen äußeren materiellen Kräften nicht angeschlagen werden, wie gewaltig und erschreckend auch immer sie sein mögen».

Das, so Toynbee, wird die Perspektive des Jahres 2047 sein. Dann jedoch stellt er eine Frage von so halsbrecherischer Kühnheit, dass man erst einmal schlucken muss, obwohl sie eigentlich sehr einfach ist: Was, wenn sie zurückblicken, werden die Historiker des Jahres 3047 sehen? Toynbees Prognose: «Die Historiker des Jahres 3047 werden, glaube ich, vor allem an den ungeheuren Gegeneffekten interessiert sein, die dann von den Opfern auf das Leben des Aggressors ausgegangen sein werden. 3047 mag unsere westliche Zivilisation, wie wir und unsere westlichen Vorläufer sie gekannt haben, beinahe bis zur Unkenntlichkeit verwandelt sein – verwandelt durch eine

Gegenstrahlung von Einflüssen aus den fremden Welten, die wir gegenwärtig in den Bannkreis unserer Kultur ziehen, Einflüsse aus der orthodoxen Christenheit, aus dem Islam, aus dem Hinduismus, aus dem Fernen Osten.»

Womöglich sind es die ersten Episoden dieser Geschichte, die wir jetzt erleben.

III. DAS IMPERIUM SCHLÄGT ZURÜCK: SIEGESILLUSIONEN NACH 1989

In Europa sind sie vor allem verhasst und gefürchtet gewesen, ansonsten hatte man ziemlich unklare und wilde Vorstellungen davon, was das für Leute seien: die Neokonservativen. Die Ideologen und Drahtzieher hinter George W. Bushs Kriegspolitik, rücksichtslos nur an der Macht der Vereinigten Staaten interessiert – Militaristen, Unilateralisten, Imperialisten. Oder vielleicht doch eher blauäugige Träumer, die alle Übel einer komplizierten Wirklichkeit mit dem schlichten Rezept der Demokratisierung heilen wollen? Eine Art Geheimsekte sollten sie sein, Jünger des esoterischen Philosophen Leo Strauss, der angeblich nur eine intellektuelle Elite für herrschaftsfähig hielt und die ungebildeten Massen zu ihrem eigenen Wohl belogen sehen wollte. Gleichviel: Mit dem Desaster im Irak, hieß es, sei der Spuk vorbei, eine von Anfang an absurde Politweltanschauung erledigt, und um den Neokonservativismus brauche man sich nicht weiter zu kümmern.

Von alledem stimmt, dass die Desillusionierung im Irak ein verheerender und wahrscheinlich vernichtender Schlag für das Ansehen und den Einfluss der «Neocons» war. Im Übrigen stimmt vieles nicht, schon nicht, dass der Neokonservativismus so einfach die beherrschende außenpolitische Philosophie der Regierung Bush gewesen wäre. Robuste Machtmenschen wie Vizepräsident Cheney oder der langjährige Verteidigungsminister Rumsfeld hatten traditionellere Ideen von der Stärke und Größe der Vereinigten Staaten; sie wollten nicht die Welt bekehren, sondern Amerikas Feinden zeigen, wo der Hammer hängt. Das moralisch Ambitionierte, Missionarische, wenn man so will: das Kreuzzugshafte, ist aber in der Tat der leitende Gedanke der Neokonservativen gewesen. Und es war, entgegen der europäischen Ablehnung, kein ganz dummer Gedanke.

Nach dem offenkundigen Scheitern der Präsidentschaft Bush hört sich das bizarr an; es scheint, als hätte Amerika den Mund nie so idealistisch und glaubenskriegerisch voll nehmen und sich stattdessen lieber mit normaler, realistischer Machtpolitik begnügen sollen. Aber die Erkenntnis der Neokonservativen war gerade, dass die vermeintlich vernünftige, interessengeleitete Realpolitik nicht die Lösung, sondern das Problem, dass sie in mehr als einer Hinsicht die Mutter der Katastrophe gewesen war, jedenfalls im Nahen und Mittleren Osten. Realpolitik war es, als die USA und Großbritannien 1953 in Teheran den linksnationalistischen Ministerpräsidenten Mossadegh stürzten und den proamerikanischen Schah wieder auf den Thron setzten, eine Erinnerung, die das Verhältnis zwischen Iran und dem Westen bis heute vergiftet. Realpolitik war es, Saddam Hussein in den 1980er Jahren in seinem Angriffskrieg gegen den verhassten Ayatollah Chomeini mit Waffen zu versorgen und anzufeuern, bis er seinerseits übermütig wurde, Kuwait überfiel und selbst niedergekämpft werden musste. Realpolitik war es, in diesem Feldzug gegen Saddam 1991 die irakischen Kurden und Schiiten erst zur Rebellion zu ermuntern und dann im Stich zu lassen, ein Zynismus, für den die Amerikaner in Gestalt des Misstrauens, das ihnen später bei der Invasion von 2003 entgegenschlug, teuer bezahlt haben. Realpolitik war es, den ägyptischen Tyrannen Mubarak in seinem Repressionsregime gegen die angebliche Gefahr durch die Muslimbrüder zu unterstützen und dann erschrocken festzustellen, dass die gefolterten Islamisten mit antiamerikanischen Terrorideen wieder aus dem Gefängnis herauskamen. Realpolitik war es, sich um des Erdöls willen auf Gedeih und Verderb mit der saudischen Monarchie zu verbünden, während das Königshaus in Riad für seine US-Freundlichkeit und seine Dekadenz in den Augen der Frommen Schutzgeld an die radikalsten islamischen Scharfmacher in aller Welt zahlte. Und immer so weiter, von Täuschung zu Selbsttäuschung, von Trick zu Bankrott. Wenn es je irgendwo eine wirklichkeitsvergessene, die eigenen Interessen durchkreuzende Politik gegeben hat, dann die angebliche Real- und Interessenpolitik des Westens in der muslimischen Welt.

Der Neokonservativismus predigte den Bruch mit dieser jahrzehntelangen europäisch-amerikanischen Grundsatzlosigkeit und Diktatorenfreundlichkeit im Nahen und Mittleren Osten. Der außenpolitische Held, das historische Vorbild der «Neocons», war Ronald Reagan, der in der Auseinandersetzung mit der Sowjetunion die moralisch kaltschnäuzige Balance- und Kabinettspolitik nach Art von Henry Kissinger umgestoßen, sich auf die Seite der Dissidenten geschlagen und mit Glaubensstärke und Rüstungsmilliarden den Kommunismus in die Ecke gedrängt hatte. Warum nicht nun auch die arabischen Autokraten und iranischen Mullahs im Namen von Menschenrechten und Volkssouveränität herausfordern?

Die muslimische Welt war die einzige Region auf dem Globus, in der die Demokratisierung in den siebziger und achtziger Jahren keine Fortschritte gemacht hatte – und genau aus dieser Dunkelzone der Unfreiheit stieg die Terror-, Fundamentalismus- und ABC-Waffen-Gefahr auf. Nicht einfach das Öl oder die pure Machtdemonstration waren aus der Sicht der wahren Gläubigen des Neokonservativismus die eigentlichen Argumente für «regime change» im Irak, sondern die gewaltsame Überwindung der Fortschrittsblockade in einem ganzen, durch den 11. September 2001 in seiner strategischen Bedeutung dramatisch hervorgehobenen Kulturkreis. Mit einer nationalen Selbstkritik, die noch kein Präsident und kein Außenminister geübt hatten, erklärten George W. Bush und Condoleezza Rice die bisherige amerikanische Nahostpolitik für gescheitert: Die Vereinigten Staaten hätten die Freiheit für die Stabilität geopfert, und am Ende habe es weder Stabilität noch Freiheit gegeben.

Im desillusionierten Orient, der schon zu viele westliche Versprechen gehört und dann gebrochen gesehen hatte, ist der proklamierte Kurswechsel nie wirklich ernst genommen, den USA die Aufrichtigkeit ihres Sinneswandels nicht geglaubt worden. Es gab mehr als genug Gründe für dieses Misstrauen, konkrete und prinzipielle, von den irrigen oder vorgeschobenen Begründungen für den Krieg gegen Saddam bis zur Angst, ein fremdes Lebens- und Zivilisationsmodell übergestülpt zu bekommen. Im Nachhinein muss man dem Misstrauen recht geben: Die Amerikaner haben ihren Demokratie-Idealismus schon wieder zurückgeschraubt, frustriert von den Wahlerfolgen radikaler Islamisten wie der Hamas in den Palästinensergebieten. Sie sind längst wieder dabei, machtpolitisch nützliche Diktaturen zu hätscheln und aufzurüsten, in der fehlgeleiteten Hoffnung, eine «moderate» Einheitsfront gegen den Iran und seine extremistischen Verbündeten zustande zu bringen. Das kann nur im nächsten Fiasko enden.

Aber leise wird man auch fragen dürfen, ob der Irak und die arabische Welt nicht anders auf das Angebot hätten reagieren können, das in der amerikanischen Invasion von 2003 doch auch steckte. Denn so viel bleibt wahr: Der Krieg hat wirklich einen brutalen Tyrannen und ein barbarisches Unterdrückungssystem beseitigt. «Es fühlt sich seltsam an, es zu sagen», meinte der libanesische Politiker Walid Dschumblat während der hoffnungsvollen «Zedernrevolution» in seinem eigenen Land, «aber der Prozess des Wandels hat dank der amerikanischen Invasion im Irak begonnen. Ich hatte mir vom Irak nichts Gutes erwartet. Doch als ich die Iraker wählen sah, acht Millionen, war es der Beginn einer neuen arabischen Welt.» Es ist nicht leicht zu beurteilen, ob die Chance mehr von den Besatzern ruiniert oder von den Besetzten ausgeschlagen wurde; womöglich sagt das Wort «Besatzung» schon alles, was man zur Erklärung des Scheiterns wissen muss. Aber eine Tragödie bleibt es.

Die Fehler und Sünden des neokonservativen Projekts liegen auf der Hand. Da war die Hybris, Weltgeschichte schreiben und eine ganze Kultur gleichsam umsteuern zu können, obwohl Konservative sich eigentlich über die Grenzen der Machbarkeit im Klaren und vor Utopien auf der Hut sein sollten. Daniel Cohn-Bendit, der geläuterte Achtundsechziger, hat in einem Streitgespräch mit dem Neocon-Advokaten Richard Perle die geradezu bolschewistische Gewaltsamkeit dieser Geschichtsphilosophie attackiert – Kritik eines Linken an der verborgenen ultralinken Tendenz in einem vermeintlich liberalen Projekt. Da war der Irrglaube an die Allmacht der Vereinigten Staaten, bei dem man nie wusste, ob er am Ende der Macht der Ideale oder nicht doch eher der Macht der Flugzeugträger galt. Das Moralische und das Militärische, das Nationale und das Universale waren untrennbar vermischt, und so richtig als Menschheitshoffnung konnte den neokonservativen Kreuzzug nur empfinden, wer auch das implizite neokonservative Credo teilte, dass der Mensch von Natur aus Amerikaner ist. Da war die ungeklärte Frage, ob eine befreite muslimische Welt auch frei sein sollte, den Westen abzulehnen – ob also die USA künftig mit demokratisch gewählten islamistischen Regierungen würden leben müssen, die als erste Amtshandlung den Vereinigten Staaten die Tür wiesen.

Vor allem jedoch ist der schreiende Widerspruch nie aufgelöst worden, dass eine politische Denkschule, die eine Art Weltemanzipationsprogramm auf ihre Fahnen geschrieben hatte, zugleich eine bis zur Verachtung reichende Geringschätzung für andere Völker und Nationen an den Tag legen konnte. In der neokonservativen Doktrin steckte beides: der Universalismus der Menschenrechte, die jedermann zustehen, auch im Mittleren Osten – und die Überzeugung, dass die arabisch-muslimische Kultur im Grunde nur Stärke anerkennt, weshalb Amerika die Peitsche knallen lassen müsse. Das ist die Linie, die nach Abu Ghraib führte, zu den berüchtigten Grausamkeiten der US-Besatzungssoldaten in Saddams einstigem Gefängnis im Irak. Voller Messianismus und halber Rassismus konnten hier offenbar nebeneinander existieren. Menschen, die man nicht respektiert, kann man aber auch nicht befreien. Und wie wollte eine Administration die Welt verändern, die von Anfang an zu verstehen gegeben hatte, dass sie sich für die Welt im Grunde nicht interessierte, die nicht zuhörte und nicht neugierig war, deren Internationalismus wie ein dünner Lack über dem Supermachtnarzissmus lag?

Interessanter jedoch als die Schwächen des Neokonservativismus, interessanter auch noch als seine Stärken, ist etwas anderes. Das ist das Zeittypische, Modellhafte an dieser politischen Philosophie, ihr Signalcharakter für das Weltbild und die Ambitionen des Westens in den vergangenen zwei Jahrzehnten. Das klingt überraschend und sogar peinlich. Familienähnlichkeiten mit den Neokonservativen? Linke und Liberale in den Vereinigten Staaten wollen, inzwischen jedenfalls, mit Bushs Kriegspolitik nichts zu tun haben. Den säkularen und friedliebenden Europäern ist nichts so suspekt und zuwider wie das Messianische und das Militaristische. Und doch hat sich in alledem eine Grundtendenz der Jahre nach 1989 nur zugespitzt und verdichtet, ein Großprojekt, mit dem der Westen die Konsequenzen aus seinem Sieg im Kalten Krieg ziehen, mit dem er sich selbst nach diesem zugleich erlösenden und banalisierenden Sieg noch einmal Sinn und Inhalt geben wollte. Was hieß es jetzt, «die freie Welt» zu sein, und was hatte sie für eine Aufgabe? Eine Antwort ist amerikanisch und europäisch versucht worden, links und rechts, clintonesk und bushistisch, humanitär, weltwirtschaftlich und machtpolitisch. In allen Varianten aber gab es eine Gemeinsamkeit, ein Leitmotiv, das die Neokonservativen schließlich zum Extrem getrieben haben: die Erweiterung, die Globalisierung des Westens, seiner Sphäre, seines Einflusses, seiner Ideen, Werte und Prinzipien, weil sie im Kern nicht westlich, sondern universal waren. Man konnte es, nach einem Jahrhundert der Barbarei, den Siegeszug der Aufklärung nennen. Oder einen Ausdruck erstaunlicher Arroganz. Und man muss sich dieses Selbstbewusstsein und die

Siegesgewissheit des Westens vor Augen führen, um auch den Absturz voll zu ermessen, den er mit seiner Relativierung und Verkleinerung, mit dem Eintritt in die neue multipolare Welt erlebt. In so kurzer Zeit dürfte selten ein eben noch strahlend dastehender Macht- und Geltungsanspruch kollabiert sein wie der amerikanisch-europäische in der historischen Mikrospanne von den 1990er Jahren bis heute. Das ist die Geschichte, die hier zu erzählen ist.

Bewaffneter Humanismus

Als der britische Premierminister Tony Blair im Sommer 2007 unpopulär und weit nach dem Verfallsdatum seiner Macht von seinem Amt zurücktrat, fragten sich viele, wie das geschehen konnte und wann es begonnen hatte – die Verwandlung eines der begabtesten und beliebtesten Staatsmänner seiner Generation in eine halb tragische, halb verächtliche Figur, verhöhnt als «Bushs Pudel» und politisch bis zur Unkenntlichkeit entstellt durch seine geradezu verbissene Unterstützung für die Invasion und Besetzung des Iraks. Die Antwort mag sich im April 1999 finden, in einem Auftritt Blairs vor dem «Economic Club» in Chicago. Es war die Zeit des letzten Balkankriegs – die Nato bombardierte das Serbien des Diktators Slobodan Milošević, um den ethnischen Säuberungen in der mehrheitlich von Albanern bewohnten Provinz Kosovo Einhalt zu gebieten. Der Krieg verlief nicht wie erhofft; nach einem Monat westlicher Luftangriffe machte Milošević keine Anstalten einzulenken, die Serben nahmen die Nato-Attacken zum Anlass für weitere Vertreibungen im Kosovo, in den Nachbarländern Albanien und Mazedonien sammelten sich unter kläglichen Umständen massenhaft Flüchtlinge aus der Kriegsregion. Blair kam mehr und mehr zu der Überzeugung, dass die atlantische Allianz Bodentruppen einsetzen oder dies wenigstens erwägen sollte; US-Präsident Clinton war dagegen – er wusste, dass dabei vor allem amerikanische Soldaten sterben würden, und er sah nicht, wie er solche Opfer für ein rein europäisches Problem vor seinen Wählern in den Vereinigten Staaten rechtfertigen sollte. Die Stimmung zwischen Präsident und Premierminister war während Blairs Amerikabesuch gespannt.

In dieser Lage entwickelte Blair in seiner Rede in Chicago das volle Programm seiner Außenpolitik, des moralisch engagierten Aktivismus, von dem er Amerika und den Westen überzeugen wollte. Er verteidigte den Kosovokrieg als humanitäre Pflicht, als Abschied von der Empfindungslosigkeit der alten Machtpolitik: «Bismarck hat den berühmten Ausspruch getan, dass der Balkan nicht die Knochen eines einzigen pommerschen Grenadiers wert sei. Jeder, der die tränenüberströmten Gesichter von Hunderttausenden Flüchtlingen gesehen hat, die über die Grenze strömen, der ihre herzzerreißenden Berichte über Grausamkeiten gehört und über die ungewissen Schicksale der Zurückgelassenen nachgedacht hat, weiß, dass Bismarck unrecht hatte. Dies ist ein gerechter Krieg, gegründet nicht auf Gebietsansprüche, sondern auf Werte. Wir können das Übel der ethnischen Säuberung nicht geschehen lassen. Wir dürfen nicht ruhen, bis es rückgängig gemacht ist. Wir haben schon zweimal in diesem Jahrhundert erfahren, dass Appeasement nicht funktioniert. Lassen wir einen bösartigen Diktator ungehindert sein Unwesen treiben, dann werden wir später unendlich viel mehr

Blut vergießen und Mittel aufwenden müssen, um ihn zu stoppen.»

Aber es ging Blair um weit mehr als bloß Kosovo. Kosovo war der Testfall, das Muster einer gewandelten Weltpolitik, in der Innen und Außen, Moral und Interesse nicht mehr zu trennen waren. «Wir sind Zeugen der Anfänge einer neuen Doktrin der internationalen Gemeinschaft», erklärte der jungenhafte, enthusiastische Premierminister, der in diesen Jahren, an Kennedy erinnernd, noch einen begeisternden Idealismus ausstrahlte. «Wir sind heutzutage alle Internationalisten, ob es uns gefällt oder nicht. Wir können die Teilnahme an globalen Märkten nicht verweigern, wenn wir Wohlstand wollen. Wir können uns von Konflikten und Menschenrechtsverletzungen in anderen Ländern nicht abwenden, wenn wir unsere eigene Sicherheit bewahren wollen.» Das war der Kern der hier propagierten außenpolitischen «Doktrin»: die Grenzen der staatlichen Souveränität. Oder umgekehrt: die Erlaubnis zur Intervention, auch zur bewaffneten Intervention, wenn Menschheitsverbrechen begangen wurden und Diktatoren das Leben und die Rechte ihrer eigenen Bürger mit Füßen traten. Wie die Globalisierung die ökonomische Abschottung der Volkswirtschaften obsolet machte, so durfte sich die entstehende Weltgesellschaft nicht prinzipiell die Einmischung in die inneren Angelegenheiten der Staaten verbieten lassen. Schluss auch mit dem politisch-moralischen Protektionismus.

Hier stehen wir mitten in der Vorgeschichte des Irakkriegs. Die Nato-Intervention im Kosovo war ohne solide völkerrechtliche Basis. Sie war kein Akt der Selbstverteidigung – Milošević hatte kein westliches Land attackiert; er hatte ja überhaupt keinen Staat angegriffen, sondern ließ seine Polizei und Miliz innerhalb der eigenen Grenzen vandalisieren. Der Krieg war ebenso wenig vom UN-Sicherheitsrat gebilligt. Die Westmächte hatten gar nicht erst probiert, dort eine Resolution in ihrem Sinne durchzubringen; sie wussten, dass das proserbische Russland jeden solchen Versuch mit seinem Veto zum Scheitern bringen würde. Aber im Grunde galten diese Formalien als nachrangige Sorgen. Die moralische Legitimität des Unternehmens ersetzte die mangelnde Legalität. Die liberalen Demokratien in Europa und in der Nato erteilten sich selbst das Mandat zum Handeln, und sie hatten durchaus kein schlechtes Gewissen dabei.

Nicht zufällig kamen die Amerikaner ein paar Jahre später, als «old Europe» gegen den Irak-Feldzug protestierte, auf den Präzedenzfall Kosovo zurück: Damals hätten die Muster-Multilateralisten in Paris, Berlin und Brüssel es mit dem Völkerrecht doch auch nicht so genau genommen. Der Vergleich ist schief – der Irakkrieg wurde ja nie offiziell mit Saddams (tatsächlicher) Tyrannei begründet, sondern immer mit seinen (fiktiven) Massenvernichtungswaffen. Aber es kann kein Zweifel bestehen, dass die Operation «Iraqi Freedom» für einen Überzeugungspolitiker wie Tony Blair aus derselben Interventionsdynamik hervorgegangen ist, die ihn schon in den Balkan trieb. Die politisch-moralische Motivationskette, die nach Belgrad geführt hatte, ging auf die Nazi- und Stalinismus-Vergangenheit Europas zurück, «1989» war eines ihrer stärksten Glieder, und für mehr als einen reichte sie bis nach Bagdad.

Adam Michnik, der polnische Exbürgerrechtler und intellektuelle Anwalt der «Solidarność»-Opposition, sah in einem lückenlosen Kontrollregime wie der Baath-Diktatur für die Demokratie nur durch gewaltsame Erschütterung von außen eine Chance – und er konnte mit seiner Geschichte und seinen Erfahrungen gar nicht anders, als für den Sturz eines Gewaltherrschers die Daumen zu drücken. Václav Havel unterschrieb als tschechischer Präsident den «Brief der Acht», in dem sich die Proamerikaner unter den europäischen Staats- und Regierungschefs im Angesicht des drohenden Krieges zu Bush bekannten. Die «liberal hawks», die «linken Falken» in den Vereinigten Staaten, die mit dem reaktionären Welt- und Gesellschaftsbild des US-Präsidenten nichts im Sinn hatten, sahen doch zugleich, dass ihre irakischen Dissidenten- und Emigrantenfreunde verzweifelt auf eine Invasion hofften. Einer von ihnen, Kanan Makiya, hatte Saddams Diktatur als totalitäres System im Sinne von Hannah Arendt analysiert. Nun sollte der antitotalitäre Impuls, der die aufgeklärte Linke gegen die Sowjetunion mobilisiert hatte und der auf dem Balkan gegen Milošević gewendet worden war, auch die Befreiung des Iraks inspirieren.

Nach dem Krieg lud Bush demonstrativ den israelischen Politiker und Autor Natan Sharansky ins Weiße Haus ein, der in der UdSSR neun Jahre als politischer Gefangener eingesperrt gewesen war. Sharansky hatte ein Buch geschrieben, in dem er die Erfahrungen seines Ostblock-Lebens auf die Gegenwart und den modernen Orient anwenden wollte: keine Friedenspolitik mit Despoten, die auf Kosten der Opposition geht; nur freie Länder können Partner für die freie Welt sein. Es war eine Hymne auf Bush als den neuen Reagan, ein legitimierendes Handauflegen aus dem Geist des Dissidententums. Sharansky hatte sein Buch Andrej Sacharow gewidmet, dem größten sowjetischen Bürgerrechtler. Es sollte sich freilich herausstellen, dass es den irakischen Sacharow (oder Nelson Mandela) nicht gab.

Schon Blair war bei seinem interventionistischen Coming-out in der Kosovo-Frage so weit gegangen, dass er offen Freiheitsexport predigte und den Sturz des Belgrader Autokraten forderte. «1945», erklärte er während einer Balkanreise in diesen Wochen vor dem rumänischen Parlament, «stand Deutschland noch unter Hitlers Herrschaft. Zehn Jahre später hatte es seine Demokratie wiedererrichtet, seine Städte neu aufgebaut, es war der Nato beigetreten und an der Geburt jener Organisation beteiligt, die heute die Europäische Union ist. Serbien kann gleichfalls in die Weltgemeinschaft zurückkehren. Aber diese Aussicht wird nur Wirklichkeit werden, wenn die korrupte Diktatur ausgetrieben wird und wirkliche Demokratie in die frühere Republik Jugoslawien zurückkehrt.»

Der britische Journalist John Kampfner hat die Proklamationen zur serbischen Resozialisierung durch Revolution als Blairs erstes rudimentäres Konzept zum Thema «regime change» identifiziert, das nach dem 11. September zum Schlüsselmotiv der Irak-Kampagne werden sollte. «Wir haben jetzt», verkündete der Premierminister nach dem Sieg der Nato über Serbien, «die Chance, einen neuen Internationalismus zu schaffen, gegründet auf Werte und Rechtsstaatlichkeit.» Und, noch missionarischer, protobushistischer, den späteren Blair des Entscheidungskampfs gegen den Islamofaschismus vorwegnehmend: Nach Miloševićs Sturz «können wir zu einem neuen moralischen Kreuzzug aufbrechen, um ohne ihn den Balkan wiederaufzubauen».

Wenn «Kreuzzug» nach amerikanischer Glaubensmilitanz klingt, so hat der Premierminister die Kosovo-Intervention doch zugleich auch als ersten «progressiven» Krieg bezeichnet. Unauflöslich verbanden sich «rechte» und «linke», supermachtpolitische und humanitär-fortschrittliche Elemente in der «Doktrin der internationalen Gemeinschaft». In ihrem Zeichen entstanden neue Koalitionen, und es bildete sich das neue Bewusstsein eines bewaffneten Humanismus: Für Joschka Fischer war die großserbische Aggression mit ihren faschistischen Anklängen das Argument, mit dem er den deutschen Grünen den Pazifismus austreiben wollte. Seine engste Partnerin in der internationalen Politik wurde US-Außenministerin Madeleine Albright – Kind antikommunistischer Flüchtlinge aus der Tschechoslowakei, Enkelin von den Nazis ermordeter Juden. Die später prominent gewordenen Neokonservativen in den Vereinigten Staaten unterstützten den Kosovokrieg der Regierung Clinton – den «progressiven» Krieg, den hartgesottene Interessenpolitiker in der Republikanischen Partei als militärisches Gutmenschentum ablehnten. Und amerikakritische Antiimperialisten von traditioneller linker Spielart fanden sich auf einmal Seite an Seite mit rechten Machtrealisten, vereint im Widerstand gegen pseudomenschliche Gesinnungsfeldzüge. Der Streit um die Interventionsfrage löste die hergebrachten politischen Familien auf und gruppierte sie neu.

Doch war unverkennbar, auf welche Seite die Waage sich neigte und welches Lager den historischen Rückenwind in seinen Segeln spürte: es waren die Befürworter des Eingreifens, die Verfechter der notfalls gewaltsamen Werteverteidigung. Jürgen Habermas, der gewiss alles lieber als ein Nato-Philosoph sein wollte, hat den Kosovokrieg trotz seiner Legalitätsmängel als Vorgriff auf die Durchsetzung einer Weltrechtsordnung verteidigt – der Westen handelte in seinen Augen als moralische und geschichtliche Avantgarde, im Namen universaler Prinzipien, für die universale

Garantie- und Vollstreckungsinstitutionen sich erst allmählich entwickelten. Anfang der neunziger Jahre, in Bosnien, hatte die internationale Gemeinschaft schmählich versagt und den serbischen Massakern an Muslimen viel zu spät ein Ende gesetzt. Noch schlimmer war die Schande von Ruanda, wo 1994 800 000 Menschen umgebracht worden waren, unter den Augen der UN und der Großmächte Frankreich und USA – ein Völkermord, wie ihn die Welt seit dem Sieg über Nazideutschland nicht mehr erlebt hatte.

Das Gefühl, dass den Dämonen einer nach dem Ende des Kalten Krieges chaotisierten Welt entgegengetreten werden musste, wurde unter dem Eindruck der Fernsehbilder und der Schreckensgeschichten von Überlebenden übermächtig. Hilfs- und Menschenrechtsorganisationen fingen an, die Armee als letzte Rettung und bewaffneten Arm der Humanität zu sehen. Soldaten und Generalstäbe öffneten sich einem neuen Selbstverständnis, in dem sich Kriegführung, Menschenrechtspolizei und Sozialarbeit mischen.

Der erste reguläre UN-Verwalter im Kosovo nach dem Krieg war Bernard Kouchner, den der neue französische Präsident Nicolas Sarkozy 2007, über die Parteigrenzen hinweg, zum Außenminister ernennen sollte. Kouchner, Arzt, Achtundsechziger, in seiner Jugend Kommunist, hatte als Mitarbeiter des Roten Kreuzes Ende der 1960er Jahre in Afrika mit dem Glauben an die politische Neutralität der humanitären Arbeit gebrochen: Wer, wie es das eherne Gebot des Roten Kreuzes war, in Bürgerkriegs- und Flüchtlingskatastrophen über Schuld und Unschuld, Verfolger und Verfolgte schwieg, der machte sich mitverantwortlich für das Unrecht. Kouchner gründete die Organisation «Ärzte ohne Grenzen», die ihre Hilfstätigkeit mit Menschenrechtsengagement verband, und prägte den Begriff des «Rechts auf humanitäre Einmischung», im Gegensatz zum Dogma von der absoluten Staatensouveränität. Jetzt, im Kosovo, war er der internationale Administrator einer militärisch befreiten und besetzten Provinz geworden – Macht und Moral in Symbiose und Personalunion.

Selbst Papst Johannes Paul II., fast Pazifist und 1991 ein zorniger und verzweifelter Gegner des Golfkriegs zur Befreiung von Kuwait, hatte angesichts der Balkan-Gräuel gefunden, dass der Schutz von Lebens- und Freiheitsrechten notfalls auch den Einsatz von Gewalt legitimieren konnte: «Wenn alle Möglichkeiten diplomatischer Verhandlungen, alle Prozesse, die in Verträgen und internationalen Organisationen vorgesehen sind, eingesetzt wurden und trotzdem ganze Bevölkerungen den Schlägen eines ungerechten Aggressors zu erliegen drohen, dann haben die Staaten nicht länger das Recht zur Gleichgültigkeit. Es scheint vielmehr geradezu ihre Pflicht zu sein, diesen Aggressor zu entwaffnen, wenn alle anderen Mittel sich als wirkungslos erwiesen haben. Die Grundsätze der Souveränität und der Nichteinmischung in ihre inneren Angelegenheiten – die ihren ganzen Wert behalten – dürfen nicht zum Deckmantel werden, unter dem man foltern und morden kann.» Die moralische, altruistische Intervention, der Werte- und Prinzipienkrieg statt des Machtkriegs, war eine zentrale, identitätsbildende Errungenschaft der westlichen Außenpolitik in den 1990er Jahren.

Tony Blair, der sich eigentlich nicht besonders für Geschichte interessierte, fand für die neue Politik ein aufschlussreiches historisches Vorbild. Bei einem seiner Balkan-Auftritte, in Sofia, berief er sich auf einen Amtsvorgänger aus dem 19. Jahrhundert, William Gladstone. Der liberale Premierminister war der Urvater aller moralischen Außenpolitik, noch vor dem amerikanischen Präsidenten Woodrow Wilson, der am Ende des Ersten Weltkriegs das Selbstbestimmungsrecht der Völker durchgesetzt und vom ewigen Frieden geträumt hatte. Gladstones großer Augenblick war 1876 gekommen. Die Bulgaren, die vor Jahrhunderten dem türkischen Machtbereich einverleibt worden waren, hatten sich gegen die Fremdherrschaft erhoben, und die Soldaten des Sultans hatten den Aufstand mit sadistischer Brutalität niedergemacht. Ganze Gemeinden, ohne Schonung für Frauen und Kinder, waren in Kirchen eingeschlossen und bei lebendigem Leibe verbrannt worden. Als die Berichte von den Massakern, durch Journalisten, Missionare und Diplomaten, Westeuropa erreichten, reagierte die öffentliche Meinung mit ehrlichem Entsetzen. Russland, die traditionelle Schutzmacht der Slawen und Orthodoxen auf dem Balkan, drohte mit Krieg gegen das Osmanische Reich.

Großbritannien kam durch die bulgarische Krise in schwere politische Verlegenheit. London wollte die Russen auf keinen Fall in Istanbul und am Mittelmeer sehen, es war daher traditionell protürkisch und im europäischen Staatensystem der Garant für die Erhaltung des maroden Osmanischen Reichs. Durch die Exzesse einer Besatzungsmacht änderte sich an den fundamentalen Interessen des Vereinigten Königreichs und des britischen Empire nichts; die kühle Staatsräson gebot es, den Sturm der Entrüstung über die türkische Barbarei möglichst zu ignorieren, sich moralisch die Nase zuzuhalten und den peinlichen Verbündeten in Istanbul unter ein paar halb ernstgemeinten Ermahnungen weiter zu unterstützen.

Das war auch im Grunde die Position von Gladstones großem Rivalen, dem Realpolitiker Benjamin Disraeli, dem
britischen Bismarck.

Gladstone dagegen, der damals in der Opposition war,
ist es gewesen, der diese Art Politik in Grund und Boden
verdammte und in den Augen der Öffentlichkeit unmöglich
machte. Nicht die nationalen Interessen und das Gleichge-
wicht der Mächte sollten nach seiner Überzeugung die Leit-
schnur der britischen Außenpolitik sein, sondern die universalen Prinzipien der Humanität. In einem flammenden
Pamphlet über die «Bulgarischen Schrecken» forderte er
die Befreiung der Balkanvölker vom türkischen Joch: «Das
ist die einzige Wiedergutmachung, die wir dem Gedächtnis
der Berge über Berge von Toten angedeihen lassen können,
der vergewaltigten Reinheit von Mutter, Jungfrau und
Kind, der beleidigten und beschämten Zivilisation, den Ge-
setzen Gottes oder, wenn man denn will, Allahs, dem moralischen Empfinden der ganzen Menschheit.»

Die publizistische und rhetorische Kampagne, mit der
Gladstone sein Land gegen die Türken (und gegen den Zynismus der Regierung Disraeli) mobilisierte, ist schon eine
exakte Vorzeichnung des Handlungsdrucks im Angesicht
von Menschenrechtsverletzungen, unter den die Politik im
postmodernen Medienzeitalter geraten sollte. Das «Nie
wieder!», das Ethos des Nicht-untätig-dabeistehen-Dür-
fens, das vom Balkan über Tschetschenien bis Darfur das
Gewissen des Westens und der Weltgemeinschaft aufzurüt-
teln versucht hat, nimmt seinen historischen Anknüpfungs-
punkt zwar zumeist an den Lagern und Massenmorden des
20. Jahrhunderts, zumal des Nationalsozialismus. Doch
der Ahnherr und das unerreichte Muster dieser politisch-
moralischen Sensibilität ist William Gladstone.

Tony Blair hat das in der Balkankrise der 1990er Jahre erkannt und ausgesprochen: «Die Parallelen zwischen damals und heute sind auf tragische Weise nur allzu klar. Wir stehen heute vor denselben Fragen, mit denen Gladstone vor über hundertzwanzig Jahren zu tun hatte. Hat eine Nation oder ein Volk das Recht, einem anderen seinen Willen aufzuzwingen? Gibt es jemals eine Rechtfertigung für eine Politik, die auf die ethnische Höherwertigkeit einer ethnischen Gruppe gegründet ist? Kann die Außenwelt einfach zusehen, wenn ein Schurkenstaat die Grundrechte derer, über die er herrscht, brutal verletzt? Gladstones Antwort im Jahr 1876 war klar. Und die meinige, heute, ist es auch.»

Das klang schön und war es wirklich. Der Westen, erlöst von der Lähmung durch den ideologischen und weltpolitischen Stellungskrieg mit der Sowjetunion, wollte mit seiner neuen Dominanz und Handlungsfreiheit auch eine neue Verantwortung übernehmen. Die Vereinten Nationen, in denen sich die verfeindeten Supermächte ein halbes Jahrhundert lang belauert hatten, die Entwicklungshilfe, die während der Ost-West-Konfrontation mit strategischen Kalkülen überformt gewesen war, die Armeen, die sich für den atomaren Showdown gerüstet und den historischen Stillstand bewacht hatten – das alles konnte jetzt zum Besten der Menschheit eingesetzt werden. Doch ein gewaltiges, von Hybris bedrohtes Vertrauen auf die Überlegenheit der eigenen Kräfte und die Allgültigkeit der eigenen Ideen sprach auch aus Blairs Worten und aus der Zeitstimmung, die dahinterstand. Man beruft sich nicht ganz harmlos und unschuldig auf einen Staatsmann und eine Doktrin aus dem späten 19. Jahrhundert – aus der Epoche, als Europa nicht nur die globale Szene beherrschte, sondern sich wie selbstverständlich für das Maß aller Dinge hielt. Hätte das Abendland sich diese hochmütige Attitüde nicht spätestens seit den beiden Weltkriegen und der Entkolonisierung abgewöhnen müssen? Jetzt war zwar Amerika die Führungsmacht, aber der Zivilisationsstolz und das missionarische Selbstbewusstsein waren wieder da.

Die neuen Prokonsuln

Vor zwanzig oder dreißig Jahren hätte niemand mit dem Begriff «Imperialismus» eine freundliche Vorstellung verbunden. Das war die übelbeleumdete Ära, in der Europa die sogenannte Dritte Welt unterworfen und ausgebeutet hatte. Auf der Linken war «Imperialismus» eine Denunziationsvokabel für die Einmischungspolitik, mit der die Vereinigten Staaten auf der Südhalbkugel des Globus, zumal im lateinamerikanischen «Hinterhof», ihre Militär- und Konzerninteressen durchsetzten. Umgekehrt bezeichnete US-Präsident Reagan die Sowjetunion als «evil empire», als Reich des Bösen. Im Kalten Krieg war der Imperialismus, Gott sei Dank, vorbei – oder er war das, was der Gegner machte.

Es war eines der merkwürdigsten und vielsagendsten politisch-intellektuellen Phänomene der Jahre um 2000, dass sich diese welthistorisch schlechte Presse des Imperialismus spektakulär verbesserte. Aus einer anachronistischen und anrüchigen Sache wurde wieder eine ernsthafte Kategorie der Wirklichkeitsbeschreibung – vielleicht sogar eine Hoffnung. Denn was war es denn, was durch Interventionen wie auf dem Balkan und später in Afghanistan entstand, wenn nicht Protektorate, von außen verwaltete Mandatsgebiete für Bevölkerungen, die zur Selbstregierung einstweilen nicht fähig schienen? Bürgerkriegsgebiete, Schauplätze von Massakern, «failed states», in denen die Staatsgewalt zusammengebrochen war und Anarchie herrschte, womöglich mit Terrorgefahren für die Außenwelt – immer erhob sich der Ruf nach internationaler Aufsicht und Kontrolle. Was Rudyard Kipling 1898 stolz als «Bürde des weißen Mannes» übernommen sehen wollte, das Bauen von Straßen, Häfen und Hospitälern, das Stiften von Recht und Ordnung, das war auf einmal alles wieder da. Sogar von Befriedungskriegen hatte Kipling schon gesprochen, die moderne Dialektik vorwegnehmend, nach der Bombardements und Kampfeinsätze als «peace enforcement» figurierten. «Der junge Arzt», schrieb der kanadische Autor, Journalist und Akademiker Michael Ignatieff über den UN-Administrator Kouchner im Kosovo, «der als Rebell gegen die Komplizenschaft des humanitären Engagements begonnen hatte, ist nun der Prokonsul eines imperialen Versuchs in Pazifizierung und nation-building. Imperial ist das Unterfangen, weil es imperiale Mittel verlangt: Truppen-Garnisonen und ausländische Zivilverwalter – aber auch, weil es imperialen Zwecken dient: der Schaffung langfristiger politischer Stabilität im Südbalkan, der Eindämmung von Flüchtlingsströmen nach Westeuropa und der Kontrolle von Kriminalität, Drogen und Menschenhandel. Kouchner weiß, dass der Westen nicht im Kosovo ist, nur um Witwen und Waisen zu ernähren. Die humanitäre Arbeit steht im Dienste langfristiger Staatsinteressen der reichen Nationen im Weltsicherheitsrat, die ihn in sein Amt berufen haben.»

«Empire lite» nannte Ignatieff das neue Modell, ein Imperium in Magerstufe; andere sprachen von «liberalem» oder «wohlwollendem» Imperialismus. Aber kein sympathischer oder bescheidener Name konnte die Kränkungen verschleiern, die trotzdem damit verbunden waren. Da war die unausgesprochene Misstrauenserklärung gegen weite Teile der «Dritten Welt», die nach dem Zweiten Weltkrieg ihre Unabhängigkeit erlangt hatten. So trist, wie es in Afrika südlich der Sahara aussah – war es vielleicht doch keine gute Idee gewesen, die Schutzbefohlenen frei ihrer Wege gehen zu lassen? Imperialismus, wie menschenfreundlich auch immer, bedeutet Ungleichheit, die über ein bloßes Machtgefälle weit hinausgeht. Mit den Protektoraten und Prokonsuln waren auch die Wilden wieder da, die Barbaren, die Völker in der kulturellen Finsternis, denen man das Licht der Zivilisation bringen musste.

Das zweite demütigende Moment steckte in der nur halb wahren Rede von der «internationalen Staatengemeinschaft», die für die humanitären und stabilisierenden Interventionen verantwortlich zeichnete. Denn in Wirklichkeit war es der Westen, der dabei den Ton angab: die europäisch-amerikanische Öffentlichkeit mit ihrer medial geweckten moralischen Sensibilität, die EU und die atlantisch-anglophone Staatenfamilie in den Vereinten Nationen. Die Briten räumten im westafrikanischen Sierra Leone mit marodierenden Banden auf, die Australier wachten über die Unabhängigkeit Ost-Timors von Indonesien. Die Kanadier waren federführend bei der Entwicklung einer Theorie zur Praxis der Intervention und ersannen das Konzept einer «responsibility to protect»: Die Staaten sind verantwortlich für den Schutz ihrer Bürger, und wenn sie dieser Verantwortung nicht nachkommen können oder wollen, dann muss die internationale Gemeinschaft einspringen.

Russland und China, die nichtwestlichen Großmächte mit Sitz im Sicherheitsrat, konnten der neuen Lehre nicht viel abgewinnen, und in ihrer eigenen Einfluss- und Interessensphäre, gar auf dem eigenen Staatsgebiet, war von Interventionen selbstverständlich keine Rede. In Haiti oder Somalia mochte man versuchen, eine «responsibility to protect» oder Tony Blairs «Doktrin der internationalen Gemeinschaft» durchzusetzen; wehe dem, der es in Tschetschenien oder Tibet hätte probieren wollen. Das war der dritte Makel der globalen Humanität: dass sie in Wirklichkeit gar nicht global war, ihr selektiver Charakter ein Schuss von Heuchelei.

Trotzdem wirkte in diesen Jahren der Schub in Richtung eines neuen Imperialismus stark, fast unwiderstehlich. Es stand der 1989 siegreiche Westen dahinter, letztlich die Vereinigten Staaten, die für den Moment ohne Konkurrenz waren und deren Macht immer noch weiter wuchs. Unmittelbar vor und nach dem Irakkrieg war sie auf dem Höhepunkt, und die Rede vom «Imperium» bekam mit Blick auf die rund um den Erdball zuschlagenden und Regierungen austauschenden USA erst die richtige Dramatik und Konkretion. Die wirklichen «Prokonsuln» waren nicht zivile Verwalter wie Bernard Kouchner, sondern die Militärbefehlshaber der Streitkräfte der Vereinigten Staaten, die den gesamten Globus in ein halbes Dutzend gigantische Kommandobereiche aufgeteilt hatten. In Magazinen und auf Buchumschlägen häuften sich 2003 und 2004 die antikisierenden Säulen zur Illustration amerikanischer Macht, und in Washington und an US-Universitäten war man begierig auf die Lektionen englischer Professoren und Intellektueller aus der Geschichte des Empire. Die Völker regieren, die Gefügigen schonen, die Hochmütigen niederkämpfen – so hatte Vergil, der Hofdichter von Kaiser Augustus, die Sendung des römischen Weltreichs beschrieben. Für Bushs Freunde war es die imperiale Mission, die auf die Vereinigten Staaten übergegangen war, für Bushs Gegner war es die imperiale Hybris, aber ein «Imperium» war dieses triumphierende, triumphalistische Amerika jedenfalls.

Europa, das irakkriegskritische Alteuropa, hat den neuen Imperialismus Amerikas, in seinen weltbeglückenden wie seinen weltherrschaftlichen Schattierungen, mit Stolz und Schärfe abgelehnt. Man darf sich nur nicht darüber täuschen, wie stark dieses Europa in Wahrheit selbst an der neo-imperialen Zeitstimmung teilhatte. Es wollte seine Prinzipien, anders als George W. Bush, nicht mit Feuer und Schwert, sondern friedlich verbreiten, aber verbreiten wollte es sie auch. Die Amerikaner redeten mehr von Freiheit und Demokratie, die Europäer eher von sozialem Fortschritt, «good governance» und Zivilgesellschaft; die Amerikaner predigten die Segnungen des Unternehmertums, die Europäer gaben lieber Entwicklungshilfe; die Amerikaner verhängten Sanktionen gegen Tyrannen und Schurkenstaaten, die Europäer pflegten mit China einen «Rechtsstaatsdialog», um dem Regime Willkür und politische Justiz behutsam abzuerziehen. Als neuartige, sanfte, alternative Supermacht, die nicht ihre Flottenverbände, sondern ihre Juristen ausschickte, um die Welt zu zivilisieren, war die EU kaum weniger missionarisch als die Vereinigten Staaten.

Die Osterweiterung der Europäischen Union, die 2004

in der Aufnahme von zehn neuen Mitgliedern gipfelte, war Werte-Export im großen Stil: die Ausdehnung der Sphäre von Demokratie, Marktwirtschaft, Rechtsstaat und Minderheitenschutz, indem vom Baltikum bis an das Schwarze Meer den Aufnahmekandidaten das Regelwerk einer fernen, den kulturellen Standard definierenden Zentrale auferlegt wurde. Auf dem Balkan und in der Türkei versucht Europa weiterhin, mit der Aussicht auf den EU-Beitritt ganze politische DNA-Codes zu transformieren. Die Demonstranten der «orangen Revolution» in der Ukraine, Studenten oder Geschäftsleute, die lange genug im postsowjetischen Einflussbereich festgehalten worden waren, wollten endlich in das europäische Gravitationsfeld, in den Brüsseler Orbit, eintreten. Die Anziehungskraft der EU, die von ihr verkörperte Aussicht auf wirtschaftliche Prosperität, ihre «soft power» – das gehört nicht weniger ins Bild des imperialen Westens zu Beginn des 21. Jahrhunderts als die ideologisch und militärisch auftrumpfenden USA. In der Beziehungskrise des Irak-Konflikts waren beide Seiten geneigt, zwischen «Mars» und «Venus», dem amerikanischen Fanfarengeschmetter und der europäischen Überzeugungs- und Verführungspolitik, nur den Gegensatz zu sehen. Aber im Grunde waren es zwei Seiten derselben Medaille. Die ganzen trotzigen Entdeckungen des «europäischen Traums», der den amerikanischen in Wahrheit schon ausgestochen habe, der sympathischer, nachhaltiger und weltweit anschlussfähiger sei – das waren ebenso Erlösungsformeln wie der historisch-theologische Sendungsglaube von George W. Bush. Es war auch ein westlicher Universalismus, derselbe westliche Universalismus, nur in weicher gezeichneter Gestalt.

Wenn sie ihre Wut und ihre Entfremdungsgefühle her-
unterschluckten, waren sich Amerikaner und Europäer
dieser Gemeinsamkeit auch bewusst. Die «Rekonstruktion des Westens», wie man sie nach dem Irak-Zerwürfnis
erhoffte, würde in einer Arbeitsteilung zwischen «Mars»
und «Venus» bestehen, einer Kombination von amerikanischer Wucht und europäischer Subtilität zur Schaffung
einer freieren und gerechteren Welt. Aus den Vereinigten
Staaten würden die Tatkraft und moralische Energie kommen, von der überall angesehenen, großmachtpolitisch un-
verdächtigen EU die internationale Legitimität, ohne die
das westliche globale Programm zum Scheitern verurteilt
wäre. Eine dialektische Synthese der scheinbaren inneratl-
antischen Gegensätze – von Bush und Clinton, 1989 und
9/11, Menschheitsmoral und Militärimperium, von Habermas, Havel und Wolfowitz. Es war ein großes Projekt, das
dem seit dem Untergang der Sowjetunion driftenden, ziel-
losen Westen noch einmal Kohärenz und einen politischen
Lebenssinn verschaffen konnte. Und es war ein Projekt,
das von einer veritablen geschichtsphilosophischen Vision
inspiriert und geleitet wurde.

Fukuyama

Nach dem 11. September 2001 galt Samuel Huntington
mit seinem «clash of civilizations» vielen als Theoretiker
der Stunde – der Prophet eines Kulturkriegs, der von den
«blutigen Grenzen des Islams» gesprochen hatte, womöglich der Stichwortgeber einer Konfrontationspolitik, wie
George W. Bush sie jetzt betrieb. Aber das war falsch. Ein-

mal, weil Huntington selbst keineswegs die Absicht hatte, den «clash», den er diagnostiziert hatte, irgendwie zu begrüßen oder anzuheizen; er war viel eher der Programmatiker einer respektvollen, gleichberechtigten Koexistenz der unabänderlich verschiedenen Kulturkreise, ein weltpolitischer und ideologischer Pluralist. Vor allem aber stimmte es nicht, dass Huntingtons «Kampf der Kulturen» die offizielle oder heimliche Lieblingsphilosophie des Westens gewesen wäre – sie war es nicht 1993, als der Harvard-Professor seine Thesen in dem Aufsatz «Clash of Civilizations?» zuerst vorstellte, und sie war es auch nicht nach dem 11. September. In Wirklichkeit war die politische und geschichtsphilosophische Leitidee in Amerika und Europa die ganze Zeit über eine andere, diametral entgegengesetzte – es war die Weltsicht, gegen die Huntington sein skeptisches, sorgenvolles Konfliktszenario erst entwickelt hatte: Francis Fukuyamas nicht weniger berühmte Vision vom «Ende der Geschichte».

Auch Fukuyama ist sofort missverstanden und aus diesem Missverständnis heraus unter Wert geschlagen worden. Als er im Sommer 1989, in der allerletzten, verdämmernden Phase des Kalten Kriegs, das «Ende der Geschichte» verkündete, wollte der Intellektuelle im Planungsstab des US-Außenministeriums durchaus nicht das Anbrechen einer Zeit der Ereignislosigkeit ausrufen. «Ende der Geschichte» sollte nicht heißen, dass nun keine Machtpolitik und keine Kriege mehr stattfinden und dass die Zeitungen und die Historiker nichts mehr zu schreiben haben würden. «Ende der Geschichte», ein von Hegel und von dem französischen Hegel-Interpreten Alexandre Kojève stammendes Konzept, meint das Ende der ideologisch aufgeladenen Geschichte, des historischen Ausscheidungskampfes der politischen Weltanschauungen. Die wesentlichen Widersprüche und Konflikte, die die Menschheit in den vergangenen Jahrhunderten beschäftigt, die Staatsgebilde hervorgebracht und Revolutionen entfesselt haben, sind, so Fukuyama, in der modernen Gesellschaft und ihrer liberalen Demokratie gelöst oder zumindest lösbar geworden. Es ist eine Lebensform gefunden, in der die Gleichberechtigung und wechselseitige Anerkennung aller Bürger grundsätzlich erreicht und die Befriedigung aller Bedürfnisse wenigstens im Prinzip möglich ist. Die Schwarzen in den Vereinigten Staaten bleiben benachteiligt, aber nicht, weil sie durch die Verfassung ihres Gemeinwesens diskriminiert wären, sondern weil die Verfassungsprinzipien von alten Diskriminierungsresten konterkariert werden. In dieser Lage geht es nicht mehr um den Umsturz der Verhältnisse, nur noch um den Abschluss von längst stattfindenden, unaufhaltsamen Emanzipationsprozessen. Das «Ende der Geschichte» ist das Ende des Fortschritts, weil er an seinem Ziel ankommt.

Hegel hatte die posthistorische Epoche schon mit den durch Napoleon siegreich in Europa verbreiteten Lehren der Französischen Revolution beginnen sehen. Die Schlacht von Jena und Auerstedt 1806, in der Napoleon die preußische Armee schlug und den preußischen Staat zum Einsturz brachte, war für ihn das Schlüsselereignis, der Kaiser der «Weltgeist zu Pferde». Aber die Welt war größer als Europa, und das 19. und 20. Jahrhundert erlebten die Gegenoffensive von antimodernen Bewegungen wie dem Faschismus, die sich gegen die Universalisierung der Revolutionsphilosophie sperrten. Es war Kojèves geniales Theoriemanöver, dass er Hegels Analyse beibehielt, aber ihre Erfüllung einfach um hundertfünfzig Jahre verschob:

Nicht 1806, sondern Mitte des 20. Jahrhunderts aktualisierte sich das Ende der Geschichte, weil die verbleibenden Widerstände im Wesentlichen beseitigt waren. Was sich seit Hegel noch zugetragen hatte, war «nur eine räumliche Ausdehnung der universellen revolutionären Macht, die von Robespierre und Napoleon in Frankreich verwirklicht worden war».

Vom wirklich historischen Standpunkt aus, so Kojève, hätten die beiden Weltkriege und ihr Gefolge an großen und kleinen Revolutionen nur bewirkt, dass «die rückständigen Kulturen der peripheren Provinzen» Anschluss an das Niveau der europäischen Geschichts-Avantgarde gefunden hätten. «Wenn die Sowjetisierung Russlands oder die Kommunisierung Chinas mehr und etwas anderes sind als die Demokratisierung des kaiserlichen Deutschland (durch den Sieg über Hitler), die Unabhängigkeit Togos, ja die Selbstbestimmung von Papua, dann nur, weil die sino-sowjetische Verwirklichung des Robespierre'schen Bonapartismus das postnapoleonische Europa zwingt, die Elimination der zahlreichen Rückstände seiner vorrevolutionären Vergangenheit zu beschleunigen.» Bolschewismus und Maoismus in den großen Reichen des Ostens, die Entkolonisierung, der Aufstieg der Vereinigten Staaten – in Kojèves Augen waren die Großereignisse der jüngeren Vergangenheit nur noch Nachhutgefechte, Stationen der unaufhaltsamen Ausbreitung eines gleichmachenden Fortschritts. Die Konsumgesellschaft der USA schien ihm eine Art Kommunismus für Reiche zu sein, das egalitäre Sowjetdasein ein Amerikanismus für Arme – die Systemunterschiede im Ost-West-Konflikt kümmerten ihn wenig, entscheidend war die globale Konvergenz auf einen Zustand der vollendeten Moderne, des «universalen und homogenen Staates».

Am Schluss würde der Mensch als historischer Akteur verschwunden und in ein unpolitisches Wirtschafts- und Genusswesen verwandelt sein. Kojève machte mit dieser Diagnose denn auch biographischen, persönlichen Ernst: Er hängte die Philosophie als Beruf an den Nagel und verbrachte die letzten beiden Jahrzehnte seines Lebens als Beamter, der die französische Regierung und die Europäische Gemeinschaft beriet, besonders in Außenhandels- und Entwicklungsfragen. Nichts konnte die Zeittendenz der ideologischen Austrocknung und der Entpolitisierung besser verkörpern als das bürokratische Projekt der europäischen Integration, die die alten Macht- und Gesinnungskämpfe durch die leidenschaftslose ökonomische Vernunft und Verflechtung ersetzen sollte.

Man kann sich ausmalen, wie elektrisiert Francis Fukuyama in der Schlussphase des Ost-West-Konflikts von der Anknüpfungsmöglichkeit an dieses geschichtsphilosophische Deutungsangebot gewesen sein muss. Kojève hatte noch erhebliche dialektische Anstrengungen unternehmen müssen, um den sowjetischen oder chinesischen Kommunismus in sein Bild vom Triumph des modernen Einheitsmodells einpassen zu können. Aber jetzt war die Sowjetunion dabei, sich selbst aufzugeben, und das China der nachmaoistischen Wirtschaftsreformen konnte man in keinem weltanschaulichen Sinne mehr kommunistisch nennen. Faschismus und Nationalsozialismus waren seit langem tot, dem radikalen Islam traute Fukuyama keine Ausstrahlungskraft über die muslimische Welt hinaus zu. Diesmal, anders als 1806 und jedenfalls klarer als in den 1950er Jahren, war das Feld der Konkurrenten wirklich abgeräumt. Es gab, so Fukuyama, am Ende des 20. Jahrhunderts keine ernsthafte geistige Alternative und daher auch keine ernstzunehmende reale Bedrohung mehr für das westliche, in Wirklichkeit universale System.

Fukuyamas Doktrin vom Ende der Geschichte war die Apotheose des amerikanisch-europäischen Sieges im Kalten Krieg, die maßgeschneiderte Theorie zum Mauerfall und zum historischen Augenblick von 1989. Sie war die ideenpolitische Melodie der 1990er Jahre, der Globalisierungs- und Bill-Clinton-Zeit mit ihrem Vertrauen auf die quasi automatische, naturgesetzliche Integration der Märkte, der auch die Integration der Weltpolitik folgen würde. Von der «unausweichlichen Logik der Globalisierung» hatte Clinton gesprochen, davon, dass ihr «Zug» nicht umzukehren sei und dass jeder sich ihr anpassen müsse: «Globalisierung ist nichts, was wir anhalten oder abschalten können. Es ist die wirtschaftliche Entsprechung einer Naturkraft, wie Wind und Wasser.»

Das war, wenngleich in sehr pragmatischer, unhegelianischer Sprache, im Grunde der historische Determinismus von Fukuyma. Unter Clinton fand die Osterweiterung der Nato und damit der atlantischen Friedens- und Sicherheitszone statt, in seiner Präsidentschaft wurde die Welthandelsorganisation WTO als Rechtsrahmen für die internationalisierte Wirtschaft gegründet, mit einem Mechanismus zur Schlichtung von Interessenkonflikten – waren das nicht Vorübungen für den «universalen und homogenen Staat», an denen Alexandre Kojève seine Freude gehabt hätte? Wie auch an der Umwandlung der «Europäischen Gemeinschaft» in eine «Europäische Union», mit gemeinsamer Währung und verstärktem institutionellem Kitt, um einen Rückfall in Nationalegoismus und Völkerhass auch nach der deutschen Wiedervereinigung für alle Zukunft auszuschließen. Nach diesem Muster sollte es weitergehen, mehr oder weniger schnell, möglichst auf dem gesamten Erdball. In den 1990er Jahren, beflügelt von der jüngsten Demokratisierungswelle und von der fortschreitenden Niederlegung der Marktbarrieren, lebte man im Gefühl der Alternativlosigkeit des amerikanisch-europäischen Modells. Vom Ende der Geschichte mochte man vielleicht nicht reden, aber im Grunde war man davon überzeugt.

Doch auch George W. Bush, der selbsternannte «Kriegspräsident» der Monate und Jahre nach dem 11. September 2001, war viel mehr Fukuyama- als Huntington-Schüler. Es war jetzt ein aggressiver, militanter Glaube an den Triumph der westlichen Prinzipien, der die amerikanische Politik beherrschte – an einen Triumph, der sich nicht von selbst einstellen würde, sondern den man erkämpfen musste. Ihren Höhepunkt erreichte die Apotheose des neuen amerikanischen Traums an einem kalten Tag im Januar 2005 in Washington, vor dem Kapitol. Der gerade wiedergewählte Bush hielt seine «inaugural speech», die Antrittsrede für seine zweite Amtszeit. 13 000 Soldaten und Polizisten waren im Einsatz, die Welt sah und hörte zu. Nur gut zwanzig Minuten dauert Bushs Ansprache – aber es dürfte die ehrgeizigste, überschwänglichste Proklamation gewesen sein, die ein amerikanischer Präsident oder irgendein moderner Politiker je gemacht hat.

Bush begann mit der Konsequenz, die er aus dem «Tag des Feuers», aus dem Anschlag von 9/11, zog: «Das Überleben der Freiheit in unserem Land hängt immer mehr ab vom Erfolg der Freiheit in anderen Ländern. Die beste Hoffnung auf Frieden in unserer Welt ist die Ausdehnung der Freiheit in der ganzen Welt. Amerikas vitale Interessen und unsere tiefsten Überzeugungen sind jetzt eins.» Es gab keinen Unterschied zwischen Realpolitik und Idealismus mehr. «Es ist», so der Präsident weiter, «die Politik der Vereinigten Staaten, die Entwicklung demokratischer Bewegungen und Institutionen in jeder Nation und Kultur zu fördern und zu unterstützen, mit dem letzten Ziel, der Tyrannei in unserer Welt ein Ende zu machen.» Bush ließ überhaupt nicht mehr ab vom Freiheitsmotiv: «Wir werden jedem Herrscher und jeder Nation unablässig klarmachen, vor welcher Entscheidung sie stehen: vor der moralischen Entscheidung zwischen der Unterdrückung, die immer falsch, und der Freiheit, die in Ewigkeit richtig ist. Amerika wird nicht so tun, als ob eingekerkerte Oppositionelle die Ketten gewählt hätten oder als ob Frauen Erniedrigung und Knechtschaft schätzen würden oder irgendein Mensch von Gnaden brutaler Kerle leben wolle.» Auf dem Gipfel seiner Emphase griff der Präsident das Bild vom «Tag des Feuers» noch einmal auf und erklärte: «Auch wir haben ein Feuer entzündet – ein Feuer in den Herzen der Menschen. Es wärmt alle, die seine Kraft fühlen, es verbrennt jene, die gegen seine Ausbreitung kämpfen, und eines Tages wird dieses unzähmbare Feuer der Freiheit die dunkelsten Winkel unserer Welt erreichen.» Es war zum Schaudern im doppelten Sinne – ein Moment des großen, herzerhebenden Pathos, und zugleich ein Dokument der Hybris.

Dies war bewaffneter Fukuyama, Apokalyptik und Messianismus statt der unbeirrbar abschnurrenden Geschichtslogik der Clinton-Ära. Mit dem radikalen Islam war noch einmal ein Hindernis auf dem Weg zur «universalen und homogenen» globalen Ordnung aufgetaucht, wie schon vorher durch Nationalismus, Faschismus und Kommunismus; der Tag der Erlösung musste ein weiteres Mal verschoben und ein letztes, allerdings sehr heftiges Nachhutgefecht mit den Mächten der Finsternis durchgestanden werden. Aber am Programm und an der historischen Zuversicht hatte sich nichts geändert. Dass freie Menschen und freie Märkte das Endziel der Weltentwicklung sein würden, auf diese Finalität war das Bush-Imperium nicht weniger ausgerichtet als der Clinton'sche Globalisierungsprozess oder die sanfte Expansion der Zivilmacht EU. Der ständige Sprung von extremer Herausforderung zu äußerstem Optimismus ist geradezu das Charakteristikum von Bushs Rhetorik und Gegenwartsanalyse nach dem 11. September gewesen; in einer merkwürdig schizophrenen Weise redete er immer, als stünden die Vereinigten Staaten zugleich mit dem Rücken zur Wand und hätten den Sieg längst in der Tasche. Die Überlegenheit und die unaufhaltsame Erfolgsgeschichte der amerikanisch-europäischen Moderne waren dem «Kriegspräsidenten» so wenig zweifelhaft wie seinen liberalen Widersachern. Es ist erstaunlich, wie nahe die rivalisierenden weltpolitischen Philosophien des Westens aus der Periode nach dem Ende des Kalten Kriegs einander im Rückblick scheinen. Und wie fern sie uns allesamt inzwischen gerückt sind.

Die Revolte der Kolonisierten

Heute steht der Westen vor den Trümmern dieser Zukunft. Nicht nur, dass mit dem Irakkrieg die Weltveränderungsvision der «Neocons» und das amerikanische Imperium nach Art von Bush gescheitert sind. Es ist das gesamte Projekt westlicher Vorherrschaft und Vorbildlichkeit, das Fukuyama-Projekt in allen seinen Spielarten, das seine Kraft und Glaubwürdigkeit verloren hat. Der Feldzug nach Bagdad hat die Idee der humanitären Intervention diskreditiert: Auf einmal schien dieser Krieg zu enthüllen, was militärisches Eingreifen im Dienste einer neuen globalen Ordnung wirklich bedeutete, und alle früheren und späteren Interventionen gerieten in den Schatten der neokonservativen Geschichtsphilosophie. Sollte das der harte Kern der ganzen Menschenrechtsdebatten der vergangenen Jahre gewesen sein: ein amerikanischer Machbarkeitstraum, in dem der Glaube an eine idealistische Mission von ungehemmter nationaler Machtpolitik nicht zu unterscheiden war? Gegen die Menschenjagden und Massenmorde in Darfur, um ein Vielfaches schlimmer als seinerzeit auf dem Balkan, war nach dem Irak-Debakel einstweilen keine Abhilfe zu schaffen. Condoleezza Rice soll George W. Bush die Idee ausgeredet haben, die Gewalt im Sudan durch den Einsatz amerikanischer Truppen zu stoppen – noch ein amerikanischer Krieg gegen ein islamisches Land sei nicht zu vermitteln und zu verkraften.

Schon vor der Irak-Invasion und vor Bush war die neue Humanitäts- und Einmischungspolitik des Westens in der einstigen «Dritten Welt» auf Widerstand gestoßen. Der algerische Präsident Bouteflika protestierte gegen den Interventionsgedanken, den UN-Generalsekretär Kofi Annan in Herbst 1999, nach dem Kosovokrieg, auf die Tagesordnung der Generalversammlung gesetzt und persönlich dort vertreten hatte. Algerien, so Bouteflika, sei «extrem empfindlich gegen jede Unterminierung unserer Souveränität, nicht nur, weil die Souveränität unsere letzte Verteidigungslinie gegen die Regeln einer ungerechten Welt ist, sondern weil wir nicht aktiv am Entscheidungsprozess im

Sicherheitsrat teilnehmen können und ebenso wenig an der Überwachung der Umsetzung seiner Beschlüsse ... Wir glauben fest», so Bouteflika, «dass Einmischung in innere Angelegenheiten nur mit Zustimmung des fraglichen Staates statthaft ist.» Der algerische Präsident sprach damit für zahlreiche, wahrscheinlich für die meisten Regierungen des Südens. Wer erst vor wenigen Jahrzehnten die westliche Fremdherrschaft abgeschüttelt hatte, wollte sich nicht schon wieder bevormunden lassen. Die «Gruppe der 77», die Fraktion der Entwicklungsländer in den Vereinten Nationen, verwarf das Konzept der humanitären Intervention.

Viele hatten allen Grund, sich gegen die neue politisch-moralische Kontrolle und Rechenschaftspflicht zu sperren, so finster, wie ihre eigene Menschenrechtsbilanz aussah. Die antikoloniale Rhetorik ist ein ideologischer Schutzwall, hinter dem die schlimmsten Folter- und Unterdrückungsregime Deckung nehmen können. Aber auch demokratische nichtwestliche Länder wie Südafrika und Indien haben sich dem Humanitätskreuzzug nie wirklich angeschlossen. Sie bleiben misstrauisch gegenüber der Arroganz der «Weißen»: Südafrika ist vor einer harten Sanktions- und Isolationspolitik im Umgang mit der ruinösen Diktatur von Robert Mugabe in Simbabwe immer zurückgeschreckt; eine schwarzafrikanische Restsolidarität gegen die Einmischung der früheren Kolonialmächte war stärker als die Empörung über einen Willkürherrscher, der sein eigenes Land zugrunde richtete. Indien konkurriert in Birma und im Sudan mit China um lebenswichtige wirtschaftliche Rohstoffe, das Hemd seiner vitalen Interessen in diesen Repressionsstaaten ist ihm näher als der Rock einer reinen menschenrechtlichen Lehre. Indien, das sich gerade von

seinem eigenen Gründungsidealismus, der Wortführer-
schaft für die Armen des Südens, verabschiedet hat, will
jetzt nicht gleich bei der nächsten, westlich-liberaldemokra-
tischen Utopie mitmachen. Als Aufsteigerland ist es zu tief
in Daseinskämpfe verstrickt, um sich die posthistorische
Fukuyama-Doktrin leisten zu können – aber auch längst
stark genug, um zu amerikanisch-europäischen Wohlver-
haltensappellen nein sagen zu dürfen. Die Hoffnung mancher US-Strategen, in Delhi einen Dauerverbündeten für
die Zukunft gefunden zu haben, gegen den Islamismus
und insgeheim gegen China, ist eine Illusion. Indien wird
nicht das neue Großbritannien oder das neue Japan werden, es wird nie Gefolgschaft schwören und halten. Es ist
einfach zu groß dafür, um ein Vielfaches zu groß, und die
Zeiten haben sich geändert. Die Amerikaner mögen das
Mullah-Regime in Teheran hundertmal als Schurkenregie-
rung brandmarken, die Inder planen trotzdem den Bau einer Pipeline durch den Iran. Für eine Vasallenrolle steht im
Asien des 21. Jahrhunderts niemand mehr zur Verfügung,
der auf sich hält.

Von «Imperium» und Imperialismus spricht man nicht
ohne Folgen, auch wenn es in bester Absicht und im Ges-
tus der erfrischenden, enttabuisierenden Wiederentdeckung
geschieht. Mit der spektakulären Renaissance des westlichen Führungsanspruchs in den Bush-Jahren ist auch der
Widerstand dagegen zurückgekehrt: ein radikaler Anti-
imperialismus. Die Protestbewegung gegen eine amerikanisch dominierte Weltordnung, die über Jahre nur aus
den «Attac»-Aktivisten in den reichen Ländern selbst be-
standen hatte, hat sich globalisiert und neue Protagonisten
bekommen. Als der iranische Präsident Ahmadinejad im

Mai 2006 George W. Bush mit einem öffentlichen Brief herausforderte, beschränkte er die Attacke gegen die Vereinigten Staaten keineswegs auf Nahost- und Islamthemen – er spürte genau, dass ein Kampf um die Weltmeinung im Gange war, und beanspruchte die Anwaltschaft für die Erniedrigten und Beleidigten des westlich dominierten internationalen Systems. «Haben die Lateinamerikaner nicht das Recht zu fragen», schrieb der Präsident, «warum man sich ihren gewählten Regierungen widersetzt und Putschisten unterstützt?» Da brach er eine Lanze für seinen venezolanischen Amtsbruder Hugo Chávez, den die USA nur zu gern gestürzt gesehen hätten. «Die Menschen in Afrika», so Ahmadinejad weiter, «sind schöpferisch und begabt ... Haben sie nicht das Recht zu fragen, warum ihre enormen Reichtümer ... geplündert werden?» Es war nicht die Rede eines mittelalterlichen Dunkelmanns, keine islamistische Sonderideologie, es war die Rhetorik eines Moralisten, wohlinformiert über die Ungerechtigkeiten der Gegenwart, wie sie Thema bei BBC World, in UN-Konferenzen oder auf dem Deutschen Evangelischen Kirchentag sind. Die Verteidigung des iranischen Atomprogramms, die im Hintergrund stand, sollte als Kampf gegen eine imperialistische Bevormundung erscheinen, den Teheran stellvertretend für alle Völker ausficht, die einmal die «Dritte Welt» hießen.

Natürlich sind das zynische Argumentationstricks eines Regimes, das die Ärmsten der Erde für seine Machtinteressen einspannen will. Aber das ändert nichts daran, dass hier ein Ideenfundus bereitlag und mobilisiert wurde, der auf ein Echo in der gesamten Welt berechnet war: eine globalisierbare Sprache des Protests gegen die globale Vorherrschaft des Westens unter der Führung Washingtons. Ein lateinamerikanischer Populist wie der Venezolaner Chávez, der sich mit dem US-Erzfeind Fidel Castro verbündet hat und den im Westen geächteten simbabwischen Diktator Mugabe als Freiheitskämpfer gegen Kolonialismus und Rassismus preist, tritt ganz ähnlich auf. Sein Stil ist anders, mehr Show als Prophetentum; als Condoleezza Rice ihn und den Ölreichtum Venezuelas in seiner Gewalt als Gefahr bezeichnet hatte, warf er ihr über das Fernsehen eine Kusshand zu und erklärte: «Leg dich nicht mit mir an, Mädchen.»

Schwer vorstellbar bei Ahmadinejad. Aber das Gefühl der Fremdherrschaft, der Unterdrückung durch das «Imperium», wie Chávez die Vereinigten Staaten regelmäßig nennt, ist in Lateinamerika virulent wie im Nahen und Mittleren Osten. Chávez lädt sich gern zu internationalen Treffen gegen Neoliberalismus und Globalisierung ein, er war beim Papst zur Audienz, in London hat er auf Einladung des linken Bürgermeisters Ken Livingstone dreieinhalb Stunden lang die Ausstrahlungskraft seiner Revolutionsgedanken propagiert: «Wir müssen unsere Ideen für eine bessere Welt verfechten. Lasst uns einen Button tragen, auf dem steht: ‹Ich bin Sozialist. Ich werde dich anstecken.›»

Im Grunde verbirgt sich hinter dieser Rhetorik eine Bewerbung um die vakante Stelle der untergegangenen Sowjetunion. Die große Systemalternative zum Markt und zur Macht Amerikas ist Ende der achtziger, Anfang der neunziger Jahre verschwunden. Der Widerstand gegen die tatsächlichen oder vermeintlichen Ungerechtigkeiten der herrschenden Verhältnisse ist weltpolitisch ortlos geworden, eine Sache nur noch für Anti-Globalisierungs-Aktivisten und Nichtregierungsorganisationen, für abstrakte Polemik und lokales Engagement. Das Thema Gerechtigkeit liegt irgendwie brach, unbearbeitet, aber auch wartend und instrumentalisierbar für den, der zugreift. Auf diesem Feld suchen Leute wie Chávez und Ahmadinejad ihre Chance – als neue Internationale eines globalen Klassenkampfs.

Es sind falsche Propheten. Der Populismus eines Chávez, der den Armen Sozialprogramme stiftet, aber die Wirtschaft ruiniert und den Rechtsstaat verachtet, ist eine mindestens ebenso schlimme Krankheit wie die Dominanz der USA. Ahmadinejad bleibt ein Brandstifter, und die iranische Religionsdiktatur ist kein Modell, das in der Welt viele Nachahmer finden wird. Doch die Sünden des Westens und die unfaire Verteilung von Lebenschancen, die von den neuen Globaldemagogen ausgebeutet werden, sind vielfach real. Lateinamerika ist tatsächlich eine Region der schreienden Ungleichheit geblieben, mit größeren Unterschieden zwischen Arm und Reich als irgendwo sonst auf der Erde. Der Widerspruch zwischen dem hochfliegenden Idealismus der Vereinigten Staaten, gerade unter Bush, und einer ziemlichen Respektlosigkeit im Umgang mit dem Rest der Welt liegt auf der Hand.

Die Globalisierung des Westens, seiner Ideen, Institutionen und womöglich Lebensformen, war das amerikanisch-europäische Programm der Zeit seit 1989, der Versuch, dem Okzident noch einmal einen Sinn zu geben, nach dem kolonialen Ausgreifen des Abendlands und der antikommunistischen Allianz des Kalten Krieges. In diesen letzten großen Entwurf des Westens als historischer Avantgarde hat sich der Zweifel tief eingefressen. Die Rechnung war ohne die Völker gemacht. Die Bürger Europas fühlen sich nicht so stark, dass sie ein neues Friedensreich gründen möchten, schon gar nicht durch die Aufnahme immer neuer EU-Mitglieder. Die Türkei ist ihnen unheimlich, Weißrussland egal. Wie viele Deutsche glauben wirklich, mit dem geflügelten Wort des früheren Verteidigungsministers Peter Struck, dass Deutschlands Sicherheit am Hindukusch verteidigt wird? Die Europäer leben auch nicht mit dem Bewusstsein, mit Integration, Souveränitätsverzicht und dem Prinzip Brüssel der Welt ein Beispiel für eine postnationale Ordnung zu geben, sondern klammern sich an das bisschen Nation, das ihnen bleibt. Und die USA sind keine Kolonialmacht, die ihr Gut und Blut dafür opfert, ferne Länder und Leute zu befrieden und zu erziehen: Amerika will nicht den amerikanischen Nahen Osten schaffen, es will seine Soldaten nach Hause holen. Im Großbritannien der Viktorianischen Epoche war es eine Ehre und eine Selbstverständlichkeit, dass junge Männer aus der Führungsschicht reihenweise für Jahre und Jahrzehnte auf militärische Posten oder in die Zivilverwaltung nach Übersee gingen; das ist kein attraktiver Karrierepfad für heutige Harvard-Absolventen. Und beide, Amerikaner wie Europäer, fragen sich, was um Himmels willen ihnen denn das Recht oder gar die Pflicht gibt, fremde Völker und Kulturen aus ihren Bürgerkriegen oder mittelalterlichen Sitten ans Licht der Moderne zu ziehen und ihnen durch Zwangsaufklärung die Segnungen von Demokratie und Menschenrechten zu bringen.

Im Sommer 2007 hat der «Comptroller General» der Vereinigten Staaten (ein Amt, das dort einen weiteren Radius hat als nur den eines obersten Rechnungsprüfers) einen Bericht zur Lage der USA vorgelegt, in dem er noch einmal den Vergleich mit dem klassischen, antiken Modell des Imperiums zieht: «Es gibt schlagende Ähnlichkeiten zwischen Amerikas gegenwärtiger Situation und einer anderen großen Macht der Vergangenheit: Rom.» Doch es ist nicht die historische Leistung und Sendung Roms, worin David M. Walker die Parallele zu den Vereinigten Staaten des frühen 21. Jahrhunderts erkennt, sondern die Gefahr von Denaturierung und Abstieg: «Das Römische Reich überdauerte tausend Jahre, aber nur ungefähr die Hälfte dieser Zeit als Republik. Die römische Republik ging aus vielerlei Gründen unter, aber drei davon sind der Erinnerung wert: der Verfall der moralischen Werte und der politischen Kultur im Innern; ein von Selbstüberschätzung getragenes und überdehntes Militärengagement in fremden Ländern; und unverantwortliche Haushaltsführung durch die Zentralregierung. Klingt das nicht vertraut?» Die Analogie zum Imperium Romanum ist im Laufe weniger Jahre vom stolz beschworenen Modell zum Schreckbild geworden.

George W. Bush, das kann man jetzt schon ahnen, wird als tragische Figur in die Geschichte eingehen. Er hat den amerikanischen Führungsanspruch auf die Spitze getrieben – und durch seine Politik der Hybris und Überforderung die Macht der Vereinigten Staaten mit eigener Hand über den Gipfelpunkt hinaus auf die absteigende Bahn gestoßen. Statt eine potentiell endlose Dominanz der USA zu befestigen, hat Bush die Heraufkunft einer Welt jenseits der westlichen Vorherrschaft beschleunigt. Was er in Stein hauen wollte, hat er in Wasser geschrieben. Zbigniew Brzezinski hat in einem klugen kleinen Buch die Stärken und Schwächen der drei amerikanischen Präsidenten der Zeit nach 1989, Bush sen., Clinton und Bush jun., diskutiert. Er nummeriert sie als «Global Leader» I, II und III, ein bisschen ironisch im Ton, aber in der

Sache vollkommen ernst, um die singuläre Stellung des US-Staatschefs in der internationalen Ordnung nach dem Ende des Kalten Krieges zu bezeichnen. Der nächste Präsident der Vereinigten Staaten wird nicht mehr so einfach «Global Leader IV» sein.

Die linke indische Schriftstellerin Arundhati Roy, eine wütende und ungerechte, aber in diesem Punkt hellsichtige Gegnerin der amerikanischen Hegemonie, hat sich über den selbstzerstörerischen Bush-Extremismus geradezu beglückt gezeigt: «In Zeiten des Krieges möchte man den schwächsten Feind an der Spitze seiner Truppen. Und das ist Präsident George W. Bush gewiss. Jeder andere, auch nur durchschnittlich intelligente US-Präsident hätte wahrscheinlich genau dieselben Dinge getan, hätte es aber geschafft, einen Schleier darüber zu werfen und den Gegner zu verwirren. Vielleicht sogar die Vereinten Nationen auf seine Seite zu ziehen. George Bushs taktlose Unbesonnenheit und sein frecher Glaube, dass er die Welt mit seinem Überfallkommando regieren könne, hat das Gegenteil bewirkt. Er hat erreicht, was Autoren, Aktivisten und Wissenschaftler seit Jahrzehnten versucht haben. Er hat die Leitungen offengelegt. Er hat den ganzen apokalyptischen Apparat des amerikanischen Imperiums für jedermann sichtbar ans Licht gebracht.»

Die amerikanisch-europäische Renaissance nach 1989 war der Versuch, die Zeit zurückzudrehen, um ein ganzes Jahrhundert. Nach dem Ende des Kalten Krieges sollte nicht eine ungewisse, unkontrollierbare Zukunft kommen, sondern eine erneuerte Vergangenheit: die Wiederkehr der kolonialen Konstellation, mit der unumschränkten Vorherrschaft und der unbestrittenen Maßstäblichkeit des Westens. Genau jene Ordnung also, die durch den Zerfall der europäischen Überseereiche im Laufe des 20. Jahrhunderts erledigt worden war – durch den Rückzug der Briten aus Indien und der Franzosen aus Algerien, durch die Niederlage der Amerikaner in Vietnam, durch den Ölpreisschock der siebziger Jahre, der den Industriestaaten ihre Abhängigkeit von Iran, Saudi-Arabien und den Scheichtümern am Persischen Golf klargemacht hatte. Jetzt sah es so aus, als könne die Demütigung rückgängig gemacht, die alte Welthierarchie wiederhergestellt werden: Entkolonisierung als Zwischenspiel. Die Pointe von 1989 sollte nicht einfach das Scheitern des Kommunismus sein, sondern die Wiedereinsetzung des Westens in seine angestammten Herrschafts- und Belehrungsrechte. Wladimir Putin, mit dem bösen Blick für die Schwächen und Widersprüche des ihm widrigen euro-atlantischen Missionsprojekts ausgestattet, hat den Reprisencharakter des «liberalen Imperialismus» sicher erfasst und höhnisch herausgestrichen: «Wenn wir hundert Jahre zurückgehen und die Zeitungen durchblättern, dann sehen wir, welche Argumente die Kolonialmächte der damaligen Zeit vorbrachten, um ihr Vordringen in Afrika und Asien zu rechtfertigen. Sie führten Gründe an wie eine zivilisierende Rolle, die besondere Rolle des weißen Mannes, die Notwendigkeit, ‹primitiven Völkern› die Kultur zu bringen. Wenn wir den Begriff ‹zivilisierende Rolle› durch ‹Demokratisierung› ersetzen, können wir praktisch Wort für Wort in die Gegenwart übertragen, was die Zeitungen vor hundert Jahren geschrieben haben.»

Doch die Geschichte lässt sich nicht zurückspulen, der Traum von der Wiederkehr der kolonialen Konstellation war eine Täuschung und Selbsttäuschung. Der Zusammenbruch der Sowjetunion und ihres Staatenblocks ist ein historisches Ereignis von gewaltiger Tragweite gewesen – aber er bedeutete nicht, dass für Amerika und Europa keine Konkurrenz mehr entstehen konnte. In gewisser Weise war es sogar umgekehrt, und der geistige und politische Kollaps des Kommunismus hat dem Westen ironischerweise eine neue Generation von Herausforderern beschert: Der Ausfall der UdSSR und des Staatssozialismus hat den Islam mit einem Schlag zur einzigen Oppositionskraft gemacht, mit der sich die arabische Welt gegen die Übermacht des amerikanisch-europäischen Modells abgrenzen und zur Wehr setzen konnte. Vorher mochte man dem «Imperialismus» mit sowjetischen Waffen und der Rhetorik des internationalen Klassenkampfes die Stirn geboten haben, jetzt blieben nur noch der Koran und die «umma», die Gemeinschaft der muslimischen Gläubigen. Nur dem Bruch mit dem maoistischen Dogma, mit dem Kommunismus in jedem belangvollen Sinne, hat China die Entfesselung seines ökonomischen Potentials zu verdanken, mit dem es inzwischen die reichen Länder in die Defensive drängt. Das halb sozialistische, halb mit der Sowjetunion verbündete Indien hat nach der weltpolitischen Wende von 1989 die Marktwirtschaft entdeckt und ist dadurch zum zweiten asiatischen Wachstumsgiganten geworden. Hunderte von Millionen Menschen in aller Welt sind seit dem Fall der Berliner Mauer in den Kreislauf der Globalisierung eingetreten und machen dem Westen das Monopol auf Fortschritt, Wohlstand und Macht streitig. Sogar die ultimative Waffe des alten Status quo, das Symbol der erstarrten Weltordnung des Kalten Krieges, ist nun für die Partisanen und Revolutionäre der internationalen Gesellschaft zum Greifen nah: die Atombombe. Der Westen war nach 1989 noch einmal ausgezogen, sich über den ganzen Erdball auszudehnen, und findet sich heute kleiner und schwächer als seit Jahrzehnten, wenn nicht Jahrhunderten.

Die Illusion eines neuen Imperialismus ist verflogen. Was stattdessen in unseren Tagen stattfindet, ist die zweite, die eigentliche und endgültige Entkolonisierung.

IV. NACH DEM MACHTVERLUST: DIE SELBSTBEHAUPTUNG DER FREIEN WELT

Das Atatürk-Mausoleum, die Grabstätte des Gründervaters der modernen Türkei, liegt wie ein säkularer Tempel, eine Akropolis der Republik, auf einem Hügel in einem Parkhain in Ankara. Eine Anlage in jenem säulen-, stufen- und siegesalleenhaften Monumentalstil der dreißiger und vierziger Jahre, bei deren Anblick man die Gedanken an Mussolini und Schlimmeres nie aus dem Kopf bekommt. Am 28. September 2006 ist das Gelände abgesperrt und scharf bewacht, wie alle Orte, die Papst Benedikt XVI. auf seiner Reise in die Türkei besuchen wird, der ersten seines Pontifikats in ein mehrheitlich muslimisches Land. Offiziere der Armee, aus allen Waffengattungen, in schmucker Uniform und den Lederhandschuh in seigneuraler Geste zwischen den Fingern, führen im Heiligtum das Regiment und weisen den Journalisten ihre streng abgezirkelten Plätze an. Kurz zuvor hat der Papst dem Staatspräsidenten seine Aufwartung gemacht, später wird er dem Chef der türkischen Religionsbehörde begegnen und sich in kaum verhüllten Worten Zurechtweisungen für seine Regensburger Universitätsrede über Glaube und Vernunft, Christentum und Islam anhören müssen, die von den Palästinensergebieten bis nach Somalia Schockwellen ausgelöst hat.

Die Visite steht unter fühlbarer, fast krampfhafter Spannung; Joseph Ratzinger muss sich des Verdachts erwehren, Kreuzzügler und bigotter Gegner einer türkischen

EU-Mitgliedschaft zu sein. Demonstrationen haben das Kirchenoberhaupt schon vorab wissen lassen, dass er nicht willkommen sei, und weitere Protestkundgebungen sind für die Dauer seines Aufenthalts angekündigt. Nach den wenigen Stunden in Ankara wird der Papst nach Istanbul weiterreisen, um den griechisch-orthodoxen Patriarchen von Konstantinopel zu treffen – noch ein Ärgernis für das Establishment in Atatürks Republik, das in der «ökumenischen» Rolle des Patriarchats für die Weltorthodoxie einen Ausdruck nationaler Unzuverlässigkeit wittert, den Anspruch, eine Art ostkirchlichen Vatikan auf türkischem Territorium zu errichten. Wird Benedikt XVI. womöglich sogar auf die Idee kommen, in der Hagia Sophia zu beten, um die einstige byzantinische Reichskirche, die von den Osmanen zur Moschee umgewandelt und vom modernen türkischen Staat zum Museum neutralisiert wurde, wieder für das Christentum zu reklamieren? An diesem ersten Besuchstag ist noch nicht zu ahnen, dass die Reise in Istanbul auf einem versöhnlichen Ton enden wird, nach einer Meditation, wenn nicht einem Gebet des Papstes in der Blauen Moschee – eine Geste christlich-muslimischer Brüderlichkeit, wie sie von Benedikts Vorgänger Johannes Paul II. hätte stammen können, dem Medienstar und unermüdlichen Anwalt des Kulturendialogs. Eine solche symbolische Großzügigkeit war jedenfalls nichts, was man dem vorsichtigen, theologisch strengen Intellektuellen Joseph Ratzinger zugetraut hätte. Als er am 28. September 2006 um die Mittagszeit auf der Atatürk-Akropolis zur Niederlegung seines Kranzes erwartet wird, ist die Sorge vor einer quälenden, vielleicht sogar gefährdeten Papstvisite im Zeichen des «clash of civilizations» noch nicht gebannt.

Genau in jenem Augenblick nun, in dem der Papst die

Stufen zum Mausoleum hinaufkam, geschah etwas Merkwürdiges – das heißt, eigentlich überhaupt nichts Merkwürdiges, sondern etwas vollkommen Normales, das aber in diesem Moment einen höchst wunderlichen Effekt machte: Von der Stadt her, vor irgendeiner Moschee in der Nähe, erklang der Ruf des Muezzins. Der Nachfolger des heiligen Petrus betrat die Szene, die Soldaten der türkischen Republik standen Habtacht für ihren Staatsbesucher, und in der Luft schwang der muslimische Gebetsruf.

Es war wie ein Bild für die vertrackte geistige und politische Dreiecksgeschichte, die sich hier abspielte und die so gar nicht in das schlichte, dualistische Schema vom «clash of civilizations» passte. Wer, zum Beispiel, stand hier für «den Westen» im Gegensatz zum muslimischen Orient – der römische Repräsentant des christlichen Abendlands oder das Militär von Atatürks Republik, das jeden Anflug von Islamismus verabscheut und selbst der moderat religiösen Regierung von Ministerpräsident Erdogan misstraut? Wer verkörperte die europäische Berufung der Türkei – dieses säkulare, aber illiberale und autoritäre Militär oder ein geläuterter politischer Islam, der mehr für die Minderheiten des Landes getan hatte als je eine prowestliche Regierung des jahrzehntelang bewährten Nato-Partners Türkei?

Die Christen jedenfalls, die Benedikt XVI. vor allem besuchen wollte, fühlten sich vom sturen Einheitsnationalismus des säkularen Staats stärker gegängelt als von der islamischen Glaubensrenaissance, die selbst gegen die Generale und Richter um ihre Religionsfreiheit zu kämpfen hatte. Gehörten der Papst und der Muezzin, der da aus der Ferne rief, nicht eigentlich im «clash of civilizations» auf ein und dieselbe Seite, sozialkonservativ, für Tradition und Familie, gegen Materialismus, laxe Sexualmoral und Konsumgesellschaft – sodass der eigentliche Kulturkampf sich überhaupt nicht zwischen West und Ost ereignete, sondern zwischen den Gläubigen aller Spielarten hier und einer rein diesseitigen Moderne dort? «Wie gewinnen wir ihn?» schien gar nicht das schwierigste Problem zu sein, das sich mit dem angeblichen globalen Kulturkonflikt verband. Sondern die Frage, wer «wir» und «sie» denn sind.

Francis Fukuyama war der heimliche Leittheoretiker des westlichen Weltbildes seit 1989, der Hegel der Nachkriegszeit des Kalten Krieges – aber an populärer und kultureller Wirkung hat ihn Samuel Huntington noch übertroffen. Huntington ist der Großmeister der zeitdiagnostischen Schwartenliteratur, der Oswald Spengler unserer Tage. Was in den 1920er Jahren der «Untergang des Abendlandes» war, ist heute der «clash of civilizations» – eine Krisenprognose nicht mehr im deutschen und europäischen, sondern globalen Maßstab. Huntington entdeckte in den 1990ern einen permanenten Weltbürgerkriegszustand der Muslime in der Konfrontation mit ihren Nachbarn: Bosniaken gegen orthodoxe Serben auf dem Balkan, Tschetschenen gegen Russen, Araber gegen Israelis, Schiiten gegen maronitische Christen im Libanon, Pakistan gegen Indien in Kaschmir, islamische Nordsudanesen gegen Christen im Süden des Landes, Muslime, die in Indonesien Kirchen niederbrennen. Er destillierte daraus eine Geschichtsvision, nach der Bündnisse und Feindschaften im 21. Jahrhundert sich nicht mehr an Ideologien oder nackten Großmachtinteressen orientieren würden, sondern an kultureller, letztlich religiöser Verwandtschaft oder Gegensätzlichkeit. Statt Staaten würden Zivilisationen – die atlantisch-westliche, die russisch-orthodoxe, die chinesisch-konfuzianische, die hinduistische, die islamische – die Akteure der Weltpolitik sein.

Aber das war nicht das eigentlich Prophetische an Huntingtons Ideen. Die Kulturfronten-Theorie ist fragwürdig. Das gemeinsame westliche Erbe hat die USA und Europa nicht daran gehindert, sich nach dem 11. September 2001 auseinanderzuleben – ausgerechnet während des Angriffs der Huntington'schen Herausforderer-Zivilisation Islam, der sie doch hätte zusammenschweißen müssen. Und sind es wirklich die konfuzianische oder die hinduistische Kultur, die mit dem Aufstieg Chinas und Indiens ihre Ansprüche anmelden? Nicht doch einfach Großmächte, die nach Großmachtlogik operieren und als Großmächte anerkannt werden wollen? Gerade Indien, multikulturell und multireligiös, mit mehr Muslimen als das islamische Pakistan, kann nur als Staat bestehen, nicht als «Zivilisation», und hat den Versuchungen zum Aufbau einer hinduistischen Einheitsidentität bisher noch immer widerstanden.

Es war etwas anderes, was Samuel Huntingtons Hellsicht ausmachte: das Gespür für die Grenzen der Macht des Westens, für den Druck, unter den er im 21. Jahrhundert geraten würde, für seine Schwäche und seinen Niedergang. In seinen Augen war die abendländisch-atlantische Kultur nur eine Zivilisation unter mehreren, und nicht diejenige, der die Zukunft gehören würde. In einer Zeit der äußerlich imposanten amerikanischen Hegemonie predigte dieser Amerikaner eine politisch und kulturell pluralistische Welt. «Multipolarität», der Kampfbegriff, mit dem frustrierte Franzosen, Russen und Chinesen eine Alternative zur Dominanz der Vereinigten Staaten beschwören wollten, war für ihn die selbstverständliche Beschreibung der kommenden Wirklichkeit. Zwei Kraftzentren würden die westliche Vorherrschaft herausfordern: die islamische Welt mit ihren religiösen Energien und ihrem Bevölkerungswachstum, den fundamentalistisch aufgeputschten jungen Männern – und das wirtschaftlich boomende, an Stärke und Selbstvertrauen zunehmende Asien. Hier eine Erfolgsstory, dort eine Krisengeschichte, und beide drängten die alte europäisch-amerikanische Weltelite in die Defensive. Genau so ist es gekommen.

Es sind also gerade nicht Hybris und Triumphalismus, die Huntington zum «Kulturkämpfer» machen, sondern im Gegenteil die Identitäts- und Existenzsorgen einer bedrohten globalen Minderheit. Er will Selbstbehauptung, nicht Expansion. Im Glauben an die allgemeine «Verwestlichung» sieht er genau die Provokation, mit der Amerika und Europa die übrigen Kulturen reizen – eine aussichtslose und schädliche Provokation, denn die atlantische Zivilisation ist nicht mehr stark genug, um den anderen ihr Modell aufzuzwingen: «Das Hauptproblem in den Beziehungen des Westens zum Rest der Welt ist ... das Missverhältnis zwischen den westlichen, besonders den amerikanischen Anstrengungen, eine universale westliche Zivilisation zu propagieren, und der abnehmenden Fähigkeit, sie auch wirklich durchzusetzen.»

Der konservative US-Politologe konnte wie ein linker Antiimperialist klingen, wenn er die Wirtschaftsreformen, die der Internationale Währungsfonds den Entwicklungsländern auferlegte, als Politik im westlichen Eigeninteresse anprangerte und die universalistische Rhetorik der Amerikaner und Europäer mit ihrer egoistischen oder doppelmoralischen Praxis konfrontierte: Demokratie ja, aber nicht für Islamisten; keine Atombombe für Iran oder Irak, wohl aber für Israel; Menschenrechte in China ein wichtiges

Thema, nicht jedoch in Saudi-Arabien. Ein Schwindel, so Huntington, dem sich die Menschheitsmehrheit in Asien, Afrika, Lateinamerika, Osteuropa und dem Orient auch nicht mehr lange unterwerfen werde. Weit entfernt davon, durch fortschreitende Modernisierung für die Ideen und Absichten des Westens sturmreif geschossen zu werden, würden die modernisierten nichtwestlichen Gesellschaften zunehmend in die Lage versetzt, sich der moralischen Arroganz Europas und der Vereinigten Staaten zu widersetzen.

Huntington glaubte, dass der Westen seine eigene Westlichkeit stärken, aber damit aufhören sollte, sie dem Rest der Menschheit anzudienen oder aufzudrängen. Er fand, dass die typischen amerikanischen (und europäischen) Liberalen die Dinge auf den Kopf gestellt hatten, wenn sie zu Hause multikulturell sein wollten, aber im Weltmaßstab ihre eigene Aufgeklärtheit für allein seligmachend hielten und eine westlich geprägte Einheitszivilisation anstrebten. Man müsse es genau umgekehrt anfangen: im Innern die eigene Identität bewahren und nach draußen den anderen ihr Anderssein gönnen. Das nach 1989 gestartete Projekt eines globalen Liberalismus-Exports, ökonomisch und verfassungspolitisch, das Fukuyama-Projekt, sei dagegen zum Scheitern verurteilt: «Minderheiten in anderen Kulturen machen sich diese Werte zu eigen und verfechten sie, aber die vorherrschenden Einstellungen ihnen gegenüber in nichtwestlichen Zivilisationen reichen von verbreiteter Skepsis bis zu intensivem Widerstand. Was für den Westen Universalismus ist, ist für den Rest Imperialismus.»

Die eine Hälfte der Huntington-Analyse, die Vorhersage des westlichen Machtverfalls, geht mit erstaunlichem Tempo in Erfüllung. Die Kühnheit und das Problem liegen in der anderen Hälfte, in der Kritik an den universalen Ansprüchen des Westens, dem Plädoyer für die kulturelle Relativität und die Selbstrelativierung des europäisch-amerikanischen Modells. Können wir aufhören, «missionarisch» zu sein, und einfach eine unter vielen Kulturen werden, ohne moralisch-politische Zuständigkeit jenseits unserer historischen Stammlande? Ist die Abkehr vom Universalismus tatsächlich postimperiale Bescheidenheit – oder ist sie Verrat: am eigenen Erbe und an jenen, die damit anderen, weniger toleranten Zivilisationskreisen zugeschlagen und ihrem Schicksal überlassen werden? Noch gibt es Dissidenten auf der Welt: Untergrundkatholiken und Anhänger der Falun-Gong-Bewegung in China, Liberale (auch Islamisten) von Ägypten bis Usbekistan, die Friedensnobelpreisträgerin Aung San Suu Kyi in Birma, die von der herrschenden Militärjunta in Hausarrest gehalten wird. Möchte man sie im Ernst als irregeleitete Agenten eines fremden Freiheitsverständnisses abschreiben, die sich besser in ihre eigene, autoritäre Kultur einordnen sollten? Ist es wirklich kulturimperialistisch, an die Allgemeingültigkeit der Menschenrechte zu glauben, daran, dass niemand gefoltert werden darf und dass es jedem freistehen muss, die Regierung zu kritisieren, dass das Privateigentum geschützt gehört, Frauen und Männer gleichberechtigt sind und die Bürger eines Landes ihr politisches Schicksal selbst bestimmen sollen?

Auf einem «Familienfoto» der Staatschefs der «Shanghai Cooperation Organization», des lockeren Bündnisses, das China und Russland mit den zentralasiatischen Ländern geschlossen haben und das die Nichteinmischung des Westens in der Region auf seine Fahnen geschrieben hat, sieht man 2006 die Führer einer potentiellen alternativen Weltordnung beisammen, die Machthaber, die in Ruhe gelassen werden wollen, von Interventionen, US-Stützpunkten und der lästigen Menschenrechtsaufsicht durch ausländische NGOs. Man sieht den undurchdringlichen Putin, den freundlichen Hu Jintao, die Präsidenten von Usbekistan und Kasachstan, die sich von sowjetischen Parteisekretären bruchlos in autokratische Herrscher ihrer nun unabhängigen Nationen verwandelt haben. Der Iraner Ahmadinejad, als Gast geladen, kommt auch ins Bild. Man muss schon sehr verbittert über die letzten Jahre amerikanischer Hegemonie und durch die Verbitterung politisch anspruchslos geworden sein, um in dieser Gruppe und den Prinzipien, für die sie steht, die Hoffnung auf eine bessere Zukunft zu erkennen.

Mit der moralischen Sympathie für die «Multipolarität», den Gegenentwurf zur amerikanisch-westlichen Macht- und Ideen-Dominanz, sollte man jedenfalls vorsichtig sein. Die brillanteste Multipolaritäts-Apologie ist 1939 erschienen, von einem den Nazis dienstbaren glänzenden Juristen, unter dem barocken Titel «Völkerrechtliche Großraumordnung mit Interventionsverbot für raumfremde Mächte». Carl Schmitts Schrift – und einige andere, die er ihr in den kommenden Jahren des Zweiten Weltkriegs folgen ließ – richtet sich gegen eine angelsächsische Einmischungspolitik, die sich mit humanitären Weltprinzipien maskiert und in Wirklichkeit nur die spezifischen Interessen des westlichen Kapitalismus und seiner führenden Nationen ideologisch absichert. Eine pluralistische «Großraumordnung» ist das von Schmitt propagierte Konkurrenzmodell zu diesem Universalismus, den er wie die heutigen Kritiker der Vereinigten Staaten als imperialistisch attackiert – als «raum- und grenzenlose Ausdehnung liberaldemokratischer Prinzipien auf die ganze Erde und die ganze Menschheit», als «universalistische Ideologie, die die ganze Erde in das Schlachtfeld ihrer Interventionen verwandelt». Im April 1942, als sich

Hitler, Mussolini und das verbündete Japan noch auf der Siegerstraße fühlen können, schreibt Schmitt: «Weltmarkt, Welthandel, Weltmeer und der große Mythos der Freiheit erhielten ihren konkreten Inhalt dadurch, dass die Angloamerikaner das fabelhafteste aller Monopole innehatten, nämlich das Monopol, Hüter der Freiheit der ganzen Erde zu sein. Damit ist es nun zu Ende. Das große Thema des gegenwärtigen Weltkrieges liegt gerade in dem Gegensatz gegen eine solche universale Weltmacht und ihren Weltordnungsanspruch ... Die Schnelligkeit, mit der die japanische Streitmacht im ostasiatischen Großraum die technisch vollkommen ausgestatteten Stützpunkte und Positionen raumfremder Mächte liquidiert, hat die Unwiderstehlichkeit des modernen Großraumgedankens wohl auch manchem Angloamerikaner zum Bewusstsein gebracht.»

In Wahrheit bedeutete die vermeintlich antiimperialistische «Großraumordnung» nur, dass das Deutsche Reich in Europa und Japan in Asien unantastbare Einflusssphären markieren wollten, in denen sie für ihre Unterdrückungs- und Eroberungspolitik freie Hand haben würden. «Deutschland», schrieb der nationalsozialistische Publizist Giselher Wirsing ebenfalls 1942, auf Schmitt'schen Gedankenspuren, «stellt keinen Anspruch auf Weltherrschaft. Im Gegenteil, es vertritt das umgekehrte Prinzip ... Es ist von Anfang an das Prinzip der Abgrenzung der Machtsphären gewesen, das das Deutschland Adolf Hitlers dem universalistischen Weltherrschaftsanspruch entgegenstellte.» Aber natürlich bloß deshalb, weil es sich zur Weltherrschaft dann doch nicht stark genug fühlte und die Durchsetzung globaler Normen und Maßstäbe also um jeden Preis diskreditieren und bekämpfen musste. Ein weltweiter Faschismus war undenkbar und ein Widerspruch in sich selbst, die Idee weltweit gültiger Regeln, gar weltweit agierender Institutionen also für den Faschismus eine tödliche geistige Gefahr. Daher das Faible für den «Großraum» und die «Abgrenzung der Machtsphären».

Es geht nicht darum, die heutigen autoritären Gegenspieler eines westlichen Universalismus mit den massenmörderischen Kriegsdiktaturen der 1930er und 1940er Jahre zu vergleichen. Doch dass der Kulturenpluralismus und die Multipolarität ein treffliches Versteck für Regime und politische Philosophien bieten, die das Licht einer Allgemeingültigkeitsprüfung scheuen müssen, daran hat sich nichts geändert. Das wütende Pochen auf «Nichteinmischung in die inneren Angelegenheiten», die paranoide Furcht vor der «Spionage»- und «Subversions»-Tätigkeit internationaler Menschenrechtsorganisationen, die Angst vor dem Internet, den westlichen Medien oder sogar den Auslandskontakten der eigenen Bürger – das alles sind Versuche, auch heute noch größere oder kleinere «Räume» und «Machtsphären» gegen die «Interventionen» der unkontrollierbaren Außenwelt und eines verhassten Universalismus abzuschirmen. Als «letzte Zuflucht des Halunken» hat der britische Kritiker Samuel Johnson im 18. Jahrhundert den Patriotismus bezeichnet; das kann man jetzt über die Multipolarität sagen.

Adler und Drache

Obwohl man sich vor Multipolaritäts-Enthusiasmus hüten soll, stimmt Samuel Huntingtons These, dass die Schwäche des Westens zu Beginn des 21. Jahrhunderts nicht nur ein weltwirtschaftliches oder machtpolitisches Phänomen ist.

Die Schwäche hat eine kulturelle, normative, moralische Seite, wie immer man es genau fassen will. Die greifbarste Erscheinung dieses Problems mit der «soft power» ist der Antiamerikanismus. Es ist sinnlos, viel Kraft auf seine richtige Definition zu verwenden und sich lange darüber zu streiten, was «noch» (rationale) Kritik an einer konkreten US-Administration und was «schon» (demagogischen) Antiamerikanismus darstellt. Der Begriff ist unheilbar politisiert; die Verteidiger der Vereinigten Staaten wollen das Etikett überall verkleben und ihre Gegner es partout nicht angeheftet bekommen; man mischt sich da besser nicht ein. Hier geht es nur darum, was jeder weiß und sieht: Es gibt eine massive Sympathie-, Vertrauens- und Legitimitätskrise Amerikas, die über die verbreitete Abneigung gegen George W. Bush weit hinausreicht.

Das ist eine weltweite Erscheinung. Aufforderungen zum gemeinsamen Widerstand gegen die USA bekommen Europäer inzwischen überall zu hören, nach kurzem Kratzen an der Unterhaltungsoberfläche – besonders freilich in islamischen Ländern, ob offiziell pro- oder antiamerikanisch, ob Saudi-Arabien, Pakistan oder Iran, ob der Gesprächspartner zur herrschaftsnahen Elite gehört oder zur Opposition. Da will man dann doch nicht mitmachen; es ist ein weiter Weg vom zivilisierten Bündnisfrust bei alten Nato-Partnern bis zur entfesselten Agitation von Drittweltpopulisten wie Ahmadinejad und Chávez. Bushs Außenpolitik zu bekämpfen, den American Way of Life kulturkritisch zu verachten oder die USA wie die iranische Staatsrhetorik als «großen Satan» zu verteufeln – das ist alles nicht dasselbe. Aber etwas potentiell Universales, eine Art Bauchgrimmen des Erdballs in wechselnder Stärke, zeigt sich in der Kritik an den Vereinigten Staaten. Der Antiamerikanismus ist eine neue globale Ideologie, die Leitkultur für den Protest gegen die herrschenden Verhältnisse, so wie es über Jahrzehnte die verschiedenen Spielarten des Sozialismus waren.

Dieser Antiamerikanismus ist ein Phänomen einer noch amerikanisch beherrschten Welt – oder jedenfalls einer Welt, in der Amerika die stärkste Kraft, der dynamischste Faktor ist. Von der «narzisstischen Kränkung, die mit der Durchsetzung der Moderne zusammenhängt», spricht der Historiker und Ideengeschichtler Dan Diner. Die USA, die überall auf dem Globus ihre Militärstützpunkte, ihre «Starbucks»-Filialen und Hollywoodfilme, ihren Kapitalismus verbreiten, werden von den Verlierern der Globalisierung als Barbaren gebrandmarkt. Zumindest moralisch und kulturell will man überlegen sein. Das war schon das Muster des klassischen europäischen Antiamerikanismus aus dem 19. und frühen 20. Jahrhundert, es ist heute vor allem das unglückliche Bewusstsein in einer arabischen Welt, die am Kontrast zum amerikanisch dominierten Westen ihre eigene Rückständigkeit erfährt, in einer paradoxen Mischung aus Ekel und Faszination: «Yankee go home, but take me with you!»

Regionen, in denen diese erdrückende Dominanz der Vereinigten Staaten nicht besteht, und eine Zukunft, in der sie womöglich nicht mehr besteht, bieten der Abneigung gegen die USA wenig Nahrung. Verlierer der Globalisierung mag es immer geben, aber werden sie ihre Wut noch gegen die Vereinigten Staaten richten, wenn die Globalisierung kein amerikanisches Gesicht mehr trägt – sondern ein asiatisches? Schon jetzt sind China und Indien keine feindselig auf die USA fixierten Gesellschaften. Mit dem eigenen wirtschaftlichen und politischen Aufstieg bildet sich eher eine gewisse Supermacht-Kollegialität heraus.

«Amerika ist eine Art Maßstab, an dem die Chinesen erkennen und bestimmen, wer sie selbst sind», meint Peter Hays Gries von der Universität Colorado, Verfasser einer grundlegenden Studie zum chinesischen Nationalismus. Es gibt kein kulturelles Ressentiment gegen McDonald's, und es gibt keine prinzipiellen Vorbehalte gegen das Mutterland des Kapitalismus – wie auch, wenn man selbst mit rasantem Tempo und dramatischem Erfolg immer kapitalistischer wird? Was es in Peking gibt, ist ein strategisches Misstrauen gegen die Vereinigten Staaten, den Verdacht, dass sie am Ende doch die Karriere eines Rivalen, den Aufstieg eines möglichen welthistorischen Nachfolgers bremsen oder torpedieren wollen. Aber das ist nüchterne Machtpolitik. Beim großen globalen Psychospiel, zwischen liebesbedürftigen Amerikanern und verbitterten Europäern oder Muslimen, macht das aufstrebende Asien nicht mit.

Allerdings: Es profitiert davon. China, in der globalen Öffentlichkeit zunehmend als Reserve-Weltmacht wahrgenommen, hat vom Verfall des amerikanischen Ansehens profitiert und baut seine eigene «soft power» aus. Das ist ein Prozess, der im Westen kaum wahrgenommen wird; die chinesische «Charmeoffensive» (so der Journalist Joshua Kurlantzick, der sie erforscht und beschrieben hat) ist nicht primär auf uns gerichtet, und daher wissen wir zunächst überhaupt nicht, dass so etwas existiert. Bei uns wird hier und da ein «Konfuzius-Institut» eröffnet, aber in seiner südostasiatischen Nachbarschaft, von Thailand und Kambodscha bis nach Indonesien, betreibt Peking Kultur- und Imagepolitik in großem Stil, mit subventioniertem Sprachunterricht, Reisestipendien für Abgeordnete und Akademiker und Kontaktpflege zu chinesischstämmigen Minderheiten.

In Europa und Amerika ist der Aufstieg Chinas ein Angstgegenstand, er steht für die Abwanderung von Industrie und Arbeitsplätzen, für Investitionen und Firmenkäufe durch Staatsunternehmen, hinter denen politische Interessen vermutet werden. Für viele Entwicklungsländer dagegen ist der chinesische Aufstieg eine Hoffnung. Rohstoffexportierende Staaten in Afrika und Lateinamerika haben einen neuen Absatzmarkt für ihre Bodenschätze gefunden, von Holz bis Kupfer. Kredite und Investitionen aus Peking kommen ohne die Auflagen an Transparenz, «good governance», Sozial- und Umweltstandards, die von den westlich dominierten Weltfinanzinstitutionen gemacht werden. Chinas Export-Import-Bank vergibt inzwischen in Afrika mehr Darlehen als die Weltbank, die vermeintliche Entwicklungszentrale der internationalen Gemeinschaft. Die chinesischen Projekte beschränken sich keineswegs auf Öl und Gas, Mineralien und Metalle, sondern reichen von der Neuinstallation der Elektrizitätsversorgung im bürgerkriegszerstörten Mosambik bis zum milliardenschweren Staudammbau im Sudan. Mit Nigeria ist Peking ein Kooperationsprojekt zur Lancierung eines Weltraumsatelliten für das afrikanische Land eingegangen. Von der chinesisch-brasilianischen Zusammenarbeit hat Präsident Lula da Silva als Beispiel der «Süd-Süd-Kooperation» gesprochen – im Zusammenspiel mit einer längst nicht mehr nur hungerleidenden, sondern zunehmend selbstbewussten «Dritten Welt» liegt eine historische Chance, die allein China hat und die es nutzen wird. Von Peking nach Buenos Aires oder Lusaka laufen die Linien inzwischen direkt, ohne Umweg über Washington oder Brüssel.

Hier ist ein Partner, der keine liberalen Schocktherapien verordnet. Ein Partner freilich auch, der bei Korruption, Menschenrechtsverletzungen und fehlender Demokratie wegschaut. Autoritäre Regime der Dritten Welt würden gern das «chinesische Modell» kopieren, das wirtschaftlichen Aufschwung ohne politische Reform, ohne Machtverlust für die Herrschenden verheißt. China redet mit allen, macht Geschäfte mit allen, lädt alle ein – den lateinamerikanischen Sozialdemokraten Lula ebenso wie die lateinamerikanischen Radikalen Chávez und Morales aus Venezuela und Bolivien, den Castro-Bruder Raul oder den vom Westen geächteten Iraner Ahmadinejad. Es ist modern bis in die Fingerspitzen und hat einen großen Magen wie die katholische Kirche, und es ist nicht belehrend und hochmütig, wie der Westen mit seiner Fukuyama-Mentalität wirken kann. Die chinesischen Parolen von der «harmonischen Gesellschaft» und vom «friedlichen Aufstieg» sind gerngehörte Alternativprogramme zur neoliberalen und neo-imperialistischen Aggressivität, mit der die Vereinigten Staaten in den vergangenen Jahren aufgetreten sind. China lockt mit einem Fortschrittsmodell, das sich auf den Staat stützt und politisch kontrolliert bleibt – keine demokratische Anarchie und keine Tyrannei der reinen Lehre des Marktes.

Vor allem aber ist China das Beispiel, dass man es schaffen kann, die Erfolgsgeschichte von Hunderten von Millionen, die aus der Armut geholt wurden, ein einstmals von den Kolonialnationen gedemütigtes Land, das es jetzt selbst an den Tisch der Mächtigen geschafft hat und seine früheren Peiniger das Fürchten lehrt. Die Tiefenfaszination, die dieser Triumph auf die Entwicklungsländer und auf die ganze nichtwestliche Welt ausüben muss, lässt sich kaum ermessen. Nicht mehr in einer revolutionären Alternative zum Kapitalismus oder in einer Sprecherrolle für die Entrechteten der Erde besteht Chinas spezifisches globales Profil, sondern in dieser mobilisierenden Vorbildfunktion für den Süden. China ist die Verheißung eines eigenen Weges, einer Entwicklung, bei der man Souveränität nicht aufgibt, sondern zurückgewinnt, einer Politik, die nicht zum Nutzen und auf das Kommando internationaler Banker gemacht wird. Von China lernen heißt, siegen lernen.

Es ist gut möglich, dass der «goodwill», den China genießt, in Zukunft schwinden wird, es ist sogar sehr wahrscheinlich. Schon jetzt gibt es in Afrika Proteste und gelegentlich Gewaltakte gegen chinesische Projekte, Firmen und Mitarbeiter; der südafrikanische Präsident Thabo Mbeki hat vor der Gefahr eines neuen Kolonialismus gewarnt. China exportiert die Schattenseiten seiner eigenen Gründerzeit dorthin, wo es investiert: schlechtbezahlte Arbeit ohne Rechte für die Arbeiter, teils skandalöse Sicherheits- und Gesundheitsbedingungen, rücksichtsloser Umgang mit Natur und Ressourcen. In dem Maße, in dem es mächtiger wird, verliert es den Underdog- und Rivalenbonus, der ihm in einer einstweilen noch amerikanisch dominierten Welt zugebilligt wird. Russlands internationales Image ist nicht besser als das der Vereinigten Staaten – wahrscheinlich, weil es, wie die USA, als militärischer und politischer «bully» gilt. Es sind der Großmachtstatus und das Großmachtbenehmen, die das Ressentiment wecken, und wenn China einmal ganz an der Spitze der globalen Hackordnung angekommen ist, wird es das auch zu spüren bekommen. Noch gehört es für die Völker der Welt nicht völlig zu «denen da oben» – eine Restsolidarität, die Peking zu konservieren sucht, indem es darauf besteht, China sei weiterhin ein Entwicklungsland. Wenn die Macht einmal nicht mehr zu leugnen ist, wird sie Angst machen und

Widerstand hervorrufen; nicht bloß wie jetzt im reichen Westen, der um seine globalen Privilegien zittert, sondern auch bei den Armen, für die China heute noch eine Hoffnung ist. Und die Welt wird genau hinsehen und fragen, ob da noch mehr und anderes ist als bloß Macht – Verantwortung, globales Bewusstsein, eine Idee.

Asiatische Werte

Chris Patten, der letzte Gouverneur der britischen Kronkolonie Hongkong, bevor die Stadt 1997 an die Volksrepublik China zurückgegeben wurde, erzählt in seinen Erinnerungen von einer Begegnung, die er auf einer Dinnerparty irgendwann in den neunziger Jahren mit Lee Kuan Yew hatte, dem über Jahrzehnte führenden Politiker Singapurs, einer schon zu Lebzeiten legendären Figur. Singapur, kapitalistisch, aber ein straff geführter, autoritärer Ordnungsstaat, ohne das demokratische Durcheinander und die moralische Laxheit des Westens, war damals ein Erfolgsmodell von asiatischem, wenn nicht globalem Interesse, und Lee war sein Prophet. Patten kam mit ihm ins Gespräch über die Frage, wie Singapur mit den «Triaden», den südostasiatischen Mafiosi, fertiggeworden sei. Man habe, so Lee, ein paar hundert von ihnen einfach ins Gefängnis gesteckt, nach einer gesetzlichen Regelung, die noch aus der Kolonialzeit stamme. Ein paar hundert?, erkundigte sich Patten, und ob denn das wirklich alles Triaden gewesen seien. «Wahrscheinlich», lautete Lees lapidare Antwort. Der Gouverneur von Hongkong konnte sich die Bemerkung nicht verkneifen, dass ein so nonchalanter Umgang mit der Rechtsstaatlichkeit in seiner Stadt nicht möglich wäre. Später erfuhr er, dass einer der anderen Dinner-Gäste, ein Brite, an seiner Kritik Anstoß genommen hatte. Das sei genau jenes liberale Gutmenschentum, mit dem die westliche Gesellschaft vor die Hunde gehe, während Asien die Zukunft gehöre. Ein zweiter Besucher meinte, dass Patten eben die «asiatischen Werte» nicht verstehe. Auch das kein Urteil von einem bornierten östlichen Kontinentalpatrioten, sondern von einem Chinesen, der in Amerika studiert hatte.

Die «asiatischen Werte» waren in den 1990er Jahren eine große Sache und ein großes Thema. Sie waren die geistige Waffe, mit der sich die mehr oder weniger aufgeklärten Autokraten von Singapur bis Peking gegen die Forderung nach Liberalisierung und Demokratisierung zu Wehr setzten. Das, so die Doktrin, seien westliche Vorstellungen – die asiatischen Gesellschaften hätten andere Leitideen: Familie, Gemeinschaft, Staat, Respekt vor dem Alter, Fleiß in Bildung und Arbeit, einen gesunden Sinn für Hierarchie und Autorität, Disziplin und Selbstdisziplin. Und wo hatte der übersteigerte Individualismus Europa und Amerika auch hingebracht? Ehescheidungen, Pornographie, Drogenmissbrauch und Sozialverwahrlosung jeder Art waren die Folge. Selbst beim Wirtschaftswachstum hatten die «Tigerstaaten» wie Singapur, Taiwan und Südkorea die alten Industrieländer abgehängt. Wie die Reaktionen von Gouverneur Pattens Dinner-Gästen zeigten, war das eine Diagnose, für die auch verunsicherte Westler zu gewinnen waren. Der langjährige Premierminister von Malaysia, Mohamad Mahathir, hat denn auch den Spieß des Absolutheitsanspruchs umgedreht und erklärt: «Asiatische Werte sind universale Werte. Europäische Werte sind europäische Werte.»

Trotz ihres hohen antiimperialistischen und multikulturellen Anspruchs (gegen die Fremdbestimmung durch einen arroganten, von seinem Sieg über das Sowjetsystem weiter aufgeblähten Westen) war die Propagierung der «asiatischen Werte» ein zutiefst pragmatisches, um nicht zu sagen: zynisches Unternehmen. Letztlich ging es darum, die Herrschaft und die Privilegien von Patriarchen, Machtcliquen und Partei-Oligarchien ideologisch abzuschirmen. Ein Politbüro von demokratisch nicht legitimierten Greisen hat freilich Grund, den Respekt vor dem Alter zu einem Zivilisationsmerkmal zu erheben. Von Konfuzius, der dem Rest der Welt als Ahnherr einer sanften Obrigkeitsfrömmigkeit verkauft werden sollte, sind auch Aussprüche über die notwendige Kritik an den Herrschenden überliefert; die wurden von den Herolden der «Asian values» natürlich nicht zitiert. Mit dem Aufbau und dem Schutz einer eigenen asiatischen Lebens- und Weltanschauungssphäre hatte schon das kaiserliche, mit Hitler und Mussolini verbündete Japan im Zweiten Weltkrieg seine Eroberungszüge programmatisch gerechtfertigt.

Bemerkenswerter als die fragwürdigen Motive und die intellektuelle Dürftigkeit der Rede von den asiatischen Werten ist freilich etwas anderes: die Tatsache, dass sie aufgehört hat. Jetzt, wo ein asiatisches Jahrhundert ausgerufen wird, spricht niemand mehr von asiatischen Werten. Südkorea und Taiwan zeigen, dass die liberale Demokratie mitnichten unasiatisch ist. Indien ist kein Armenhaus mehr, sondern ein Aufsteigerland eigenen Rechts, mit denselben Dimensionen und Perspektiven wie China, trotz (oder wegen) einer lebendigen, wenn nicht streitsüchtigen Zivilgesellschaft, dauernder Wahlen, Demonstrationen und Gerichtsprozessen über die Beschwerden und Forderungen irgendwelcher Anspruchsgruppen. Die niederen Kasten, die religiösen Minderheiten, die rückständigen Regionen, alle sind immerfort am Rangeln und Raufen um die besseren Plätze.

Belastet durch Korruption, politische Kriminalität und einen teils gewalttätigen Hindu-Extremismus, ist Indien doch die Widerlegung der paternalistischen Idee, dass die Gewährung politischer Freiheit zunächst durch die jahrzehntelange Erziehungsarbeit weitblickender Vormünder vorzubereiten sei. Als 1952 die ersten landesweiten Wahlen abgehalten wurden, waren rund 85 Prozent der Bürger Analphabeten. Dem Gründungspremier Nehru wurde prophezeit, dass er die Einführung des allgemeinen und gleichen Stimmrechts noch bereuen werde. Als die Katastrophe Wahl für Wahl ausblieb, hieß es, dass nur Nehrus übermächtige Persönlichkeit die indische Demokratie am Leben halte. «Wenn Nehru abtritt», meinte der britische Schriftsteller Aldous Huxley, «wird die Militärdiktatur zur Regierungsform werden – wie in so vielen der neuen unabhängigen Staaten, denn die Armee scheint das einzige hochorganisierte Machtzentrum zu sein.» Es passierte wieder nichts. Vor den Wahlen von 1967, inzwischen war Indira Gandhi Ministerpräsidentin, stellte die Londoner «Times» noch einmal den Misserfolg des Versuchs mit der Freiheit fest: «Das große Experiment, Indien in einem demokratischen Rahmen zu entwickeln, ist gescheitert.» Die Inder würden demnächst in den «vierten – und gewiss letzten – allgemeinen Wahlen» zu den Urnen gehen. Die Untergangsprognosen sind nicht eingetreten, im Gegenteil: Die Tatsache, dass heute immer vom «Aufstieg Chinas und Indiens» gesprochen wird, in einem Atemzug, ist womöglich der größte Triumph der demokratischen Idee seit dem europäischen Mauerfall von 1989.

Und China selbst, das stets das geheime Zentrum der Debatte über die «asiatischen Werte» gewesen ist? Denn darum ging es vor allem: für China einen Ausnahmestatus zu definieren – ein alternatives, dem Westen Paroli bietendes Ideensystem, das einen alternativen Machtanspruch tragen und legitimieren konnte, nach der Selbstabschaffung der maoistischen Revolutionslehre. Das Land und das Regime, die sich im Sommer 1989 durch die blutige Niederschlagung der Studentenproteste auf dem Platz des Himmlischen Friedens diskreditiert hatten, sollten wieder respektabel werden, als Träger und Inbegriff nicht einer geringeren, pervertierten, sondern einer anderen politischen Moral. Über die Bilder von den Panzern des Tiananmen-Massakers, so die Hoffnung, würden sich die Züge des weisen Konfuzius legen.

Mit diesem Projekt ist es vorbei. Die Geschichte vom heutigen China ist nur noch eine Geschichte von Leistung und Erfolg, nicht mehr die eines un- oder antiwestlichen rivalisierenden Sozialmodells. Nicht, dass das neue China ohne Identität wäre; es hat einen starken, nicht bloß offiziell verordneten Nationalismus. Als die US-Luftwaffe während des Kosovokrieges versehentlich die chinesische Botschaft in Belgrad bombardierte, breitete sich kurzzeitig eine patriotische Rachestimmung aus, die keine Regierungspropaganda einfach aus dem Nichts, ohne echte Gefühlsbasis, hätte herbeiagitieren können. Wenn Taiwan dem Mutterland endgültig abtrünnig werden sollte, würde die Partei- und Staatsführung durch das Volk zu einer scharfen, womöglich kriegerischen Reaktion geradezu gezwungen. Aber das reizbare, eifersüchtige Hüten des eigenen Aufstiegs, der Stolz auf das jüngst Geschaffte und Geschaffene, auch auf eine wiederentdeckte Kultur und Historie – das alles ist kein Angebot an die Welt, wie die «Asian values» es sein sollten.

Vielleicht hat das unwiderstehlich aufstrebende China keine Wertepropaganda mehr nötig – nichts ist so erfolgreich wie der Erfolg, die Zeit der (pseudo)ideologischen Rechtfertigungszwänge mag vorüber sein. Doch der Hohlraum im Zentrum der Erfolgsgeschichte ist gewaltig. Die chinesische «soft power», der Reiz dieses Fortschrittsvorbilds für die Entwicklungsländer ist real, aber reaktiv und parasitär: Er lebt vom Protest gegen Amerika und den Westen. «Friedlicher Aufstieg» und «harmonische Gesellschaft» sind ansprechende Slogans, wenn man den missionarisch-militanten Liberalismus von Bush, Fukuyama und irgendwelchen marktradikalen Wirtschaftsberatern satthat. Das Festhalten am Souveränitätsprinzip und am geheiligten Dogma von der «Nichteinmischung in die inneren Angelegenheiten» verspricht Entlastung vom moralischen Dauerdruck, den CNN, amnesty international oder außenpolitische Lobbygruppen im US-Kongress ausüben. Doch es ist kein alternatives Bild einer lebenswerten Gesellschaft oder der internationalen Ordnung, das daraus hervorgeht. Es sind Brems- und Eindämmungsversuche, ein «So nicht», «Noch nicht» und «Nicht bei uns». Im Internet werden Schutzwälle errichtet, regimekritische Websites blockiert und Suchmaschinen so eingerichtet, dass sie bei heiklen, subversionsverdächtigen Stichwörtern den Dienst versagen: Chinesische Mauern für das Informationszeitalter und den Cyberspace. Peking, das seine Macht und Wirtschaftskraft so imposant ausweitet, steckt ideenpolitisch in der Defensive.

Das gilt auch für das eigene politische System. Längst ist klar, dass der innere Mangel an Demokratie, Rechtsstaatlichkeit und Pluralismus keine überlegene Gegenphilosophie zur offenen Gesellschaft ist, sondern ein Handicap. Seit dem Frühjahr 2004 erkennt die Verfassung der Volksrepublik China das Prinzip der Menschenrechte an: keine Garantie für ihre Verwirklichung (tatsächlich handelt es sich bloß um ein Lippenbekenntnis), aber eine Kapitulation vor der Übermacht eines Gedankens. Man kann die Defizite bei seiner praktischen Umsetzung vielleicht sogar verteidigen – wegen der Riesengröße, Zerfallsgefahr und Unterentwicklung des Landes, für eine Übergangszeit, weil das spezifisch chinesische Modell der Freiheit noch nicht gefunden ist. Doch dass die Parteidiktatur keine Zukunftsperspektive bietet, dass die Zensur die Aufdeckung von Umweltskandalen und Gesundheitsgefahren verhindert, dass es eine unabhängige Justiz brauchte, um die Korruption zu bekämpfen, dass die Bauern und Bürger gegen Landenteignungen und Behördenwillkür zu rebellieren beginnen, das ist eine unverkennbare Realität. Der offiziellen Statistik zufolge haben 1993 in China 8700 «Massenvorfälle» wie Streiks, Demonstrationen, Verkehrsblockaden und Sit-ins stattgefunden; 2005 waren es zehnmal so viele: 87 000.

Selbst außenpolitisch mag die Gleichgültigkeit gegenüber Demokratie und Bürgerrechten China noch teuer zu stehen kommen: Was ist, wenn die von Peking hofierten Diktaturen in Birma, Simbabwe oder Usbekistan stürzen und die befreiten Völker sich fragen, wer in der Zeit der Unterdrückung ihre Freunde gewesen sind – und wer ihren Peinigern zur Seite stand? Das Image und die Glaubwürdigkeit der Vereinigten Staaten haben sich bis heute nicht von der moralischen Infektion durch die Militärregime und kleptokratischen Gaunertyranneien erholt, mit denen die Amerikaner sich im Kalten Krieg gegen den Sowjetkommunismus verbündet hatten.

Nach den «asiatischen Werten» ist die asiatische Leere gekommen. Die Renaissance Chinas wird öfter warnend mit einer anderen historischen Gewichtsverschiebung verglichen, dem Aufstieg des Bismarck'schen und kaiserlichen Deutschland nach der Reichsgründung von 1871. Auch das war eine «verspätete», nachträglich in den Kreis der Großmächte tretende Nation, die ihren «Platz an der Sonne» erkämpfen wollte, während die Einflusszonen und Reichtümer der Erde schon verteilt waren. Deutschland kam so zeitversetzt nach Afrika, weit abgeschlagen hinter Briten, Franzosen und Portugiesen, wie heute die chinesischen Ölfirmen hinter Shell, BP, ExxonMobil und Total nachziehen. Bismarck selbst war weise genug, seine Ambitionen auf eine europäische Friedensordnung zu richten, Wilhelm II. wollte mit dem britischen Empire konkurrieren, sah Deutschland als Weltmacht und baute die Flotte provozierend aus, bis er England ins Lager seiner Gegner getrieben hatte. Damals gelang die Einpassung des kraftstrotzenden Newcomers in das globale System nicht, mit verheerenden Folgen: dem Ausbruch des Ersten Weltkriegs 1914. Es ist ein geschichtliches Menetekel für die Gefahren, die drohen, wenn noch einmal die internationale Sozialisierung eines hungrigen und ehrgeizigen Nachzüglerlandes scheitern sollte.

Weniger beachtet ist eine zweite, nicht weniger beunruhigende deutsch-chinesische Parallele. Eine «Großmacht ohne Staatsidee» hat der Soziologe Helmuth Plessner das Bismarckreich genannt. Das kaiserliche Deutschland war eine blitzblanke, gutgeschmierte Staatsmaschine, die Verwaltung effizient, das Militär eine «schimmernde Wehr», die Wirtschaft aus allen Schloten rauchend wie eine Krupp'sche Fabrik mit vollen Auftragsbüchern. Aber es war ohne Zauber und Botschaft, es gab kein «Wozu» der eilig zusammengerafften und trompetend gefeierten Macht. «Jede Großmacht», bemerkte Plessner, «braucht eine Rechtfertigung, um Anerkennung und nicht bloße Furcht zu wecken, und Bismarcks Werk hatte wohl das Recht historischen Schicksals, aber nicht die Rechtfertigung im Zeichen einer Idee für sich. Das neue Reich appellierte nicht wie Frankreich und England an die Phantasie der Völker, an ihre Zukunftserwartung, ihren Menschheitsglauben. Es diente keinem werbenden Gedanken. Es stand für nichts, von dem es überragt wurde. Deutscher-Sein enthielt kein Bekenntnis wie Engländer- oder Franzose-Sein; es besagte keinen Dienst an übernationalen Idealen, wie sie durch das christliche Königtum Frankreichs, dessen Humanismus die große Revolution später in verwandelter Form übernimmt, und seit den Anfängen des Puritanismus die führenden Prinzipien der westlichen Welt geworden waren.»

Die Bismarck-Deutschen hatten geradezu einen Widerwillen gegen diesen öffentlichen Idealismus, der ihnen als Heuchelei galt; hier, so Plessner, «macht man sich über … die verlogene Identifizierung englischer mit Menschheitsinteressen, über die Maskierung französischen Egoismus mit der Phraseologie von 1789 lustig». Er zitiert Fontane über die Briten: Sie sagen Christus, aber sie meinen Kattun. «Deutschland jedenfalls», fährt er fort, «hat immer Kattun gesagt, wenn es Kattun meinte.» Und dann: «Ein Vorteil ist das nicht. Es ist aber auch nicht einmal sicher, ob es menschlich höher steht. Denn diese Unverbrämtheit und

Direktheit entspricht einem realen Mangel und entspringt nicht nur einer Stärke. Echte und große Politik ist ohne Rechtfertigung durch einen zündenden Gedanken, in dessen Auftrag sie geführt wird, nicht möglich.»

Man kann sich leicht vorstellen, dass China, wenn der jetzt noch frische Lack der unverbrauchten Alternativ-Großmacht erst einmal abgeblättert ist, einen ähnlich nackten, seelenlosen, erfolgsautomatenhaften Eindruck wie das Deutsche Reich machen wird. Die Welt ist im Augenblick der US-Missionsrhetorik überdrüssig, die ihr unaufrichtig vorkommt: Sie sagen Menschenrechte, aber sie meinen Öl. Doch auf lange Sicht, in historischen Größenordnungen, bleibt die Expansivität und Anziehungskraft des American Way of Life, die Sogwirkung auf Einwanderer und die globale Exportfähigkeit einer ganzen Kultur ein unschätzbarer Vorteil. Es steckt im amerikanischen Projekt ein Appell an den Menschen als Menschen, an seine Abenteuerlust und seinen Unabhängigkeitswillen, seinen Idealismus, seine Träume, auch natürlich an seine Gier. Trotz Fahnenschwenken und «Unilateralismus» sind die USA in ihrem überspannten und bewegenden Anspruch eine universale Nation – ebenso wie Frankreich, das Vaterland der Revolution und der Humanität, im 19. Jahrhundert die zweite Heimat jedes gebildeten Menschen, eine universale Nation ist. Wenn in dem Film «Casablanca» Major Strasser mit seinen deutschen Soldaten in «Rick's Café» die «Wacht am Rhein» anstimmt und dann die Tanzkapelle die Marseillaise dagegensetzt, vom anschwellenden Gesang der Gäste zum Sieg getragen, dann erhebt sich auf den Schwingen dieser eigentlich schauerlichen Schlachthymne das Schicksal nicht nur Frankreichs, sondern der Menschheit.

Solche herzerhebenden Augenblicke verspricht der Aufstieg Chinas nicht. Es hat eine Tradition, sich als Mitte der Welt zu sehen, und hat alle seine barbarischen Eroberer assimiliert und sinisiert; es hat wahrlich Grund zu zivilisatorischen Überlegenheitsgefühlen. Die Aufgabe, 1,3 Milliarden Menschen Fortschritt und Wohlstand zu verschaffen, ist gigantisch und nobel. Aber es gibt keine Pekinger und auch keine Shanghaier Freiheitsstatue, keinen «chinesischen Traum», wie es einen amerikanischen und irgendwie doch auch einen europäischen Traum gibt – als global spürbare, individuell einladende Hoffnung nicht nur auf ein besseres, sondern auf ein gutes Leben. China, die Hochkultur ohne einheimische Weltreligion (der Konfuzianismus ist mehr eine diesseitige Weisheitslehre als ein Glaube), wirkt auch in seiner modernen Gestalt eigentümlich transzendenzlos. Das kaiserliche Deutschland hatte eine Wirtschaft, die vitaler als die britische oder französische war, und seine künstlerische Überlieferung, von Luther und Bach bis Goethe und Wagner, konnte sich mit jeder in Europa messen. Doch in seinem politischen Dasein war nichts Menschheitlich-Begeisterndes, und im neuen China sieht man es einstweilen auch nicht.

Das berührt weit mehr als bloß Fragen der politischen PR. Hier liegt vielmehr das zentrale Paradox der gegenwärtigen Weltlage: Der Westen wird schwächer, aber seine Ideen bleiben ohne prinzipielle Herausforderung und Alternative. Die Marktwirtschaft, die freie und gleiche Wahl, die Menschen- und Bürgerrechte, die offene, pluralistische Gesellschaft werden so wenig grundsätzlich in Frage gestellt wie im Augenblick von Francis Fukuyamas Hochgefühlen. Auf einem Seminar in Teheran vor ein paar Jahren, der amerikanische Revolutionsimpuls für den Mittleren Osten war noch frisch, drehte sich das Gespräch wieder einmal um die Demokratie, was die Gastgeber natürlich in Verlegenheit brachte; einer von ihnen aber startete einen Gegenangriff: Demokratie müsse nicht nur im Innern der Staaten herrschen, sondern auch zwischen den Nationen; es gehe nicht an, dass ein Land alle anderen dominiere. Genauso wichtig wie die innerstaatliche sei die internationale Demokratie, eine demokratische, gleichberechtigte Weltordnung. Es war ein geschickter Argumentationstrick, das Kapern eines gegnerischen Begriffs; aber es war auch der Ausdruck einer philosophischen Asymmetrie, zum Nachteil des iranischen Systemapologeten: Der Widerstand gegen die westliche Supermacht konnte sich nicht anders als mit einem Lieblingskonzept des Westens artikulieren.

Das sind die Merkwürdigkeiten einer Welt, die in ihrer Machtgeographie polyzentrisch wird, während sie ideenpolitisch unipolar bleibt. Während des Kalten Kriegs war das amerikanisch-europäische Bündnis, die atlantische Sphäre, machtpolitisch und ideologisch zugleich unter Druck – auf der Gegenseite standen die Atomwaffen der Roten Armee und die marxistische Glaubenslehre, die einen rivalisierenden Absolutheitsanspruch anmeldete und überall auf dem Erdball Anhänger fand. Kein solcher Widersacher steht Amerika und Europa heute gegenüber. Die Sowjetunion des 21. Jahrhunderts gibt es nicht.

Es ist nicht nur China, dem nach dem Kollaps der «asiatischen Werte» der Gegenentwurf zum westlichen Universalismus fehlt. Das neuerdings wieder auftrumpfende Russland steht auf besonders dürftiger kultureller und normativer Grundlage. Seine wiedererstandene Größe gründet sich auf wenig mehr als Öl und Gas (und seinen verbliebenen Status als Militärmacht, mit den zugehörigen Waffenexporten). Wenn die Sowjetunion nach einem Bonmot des damaligen Bundeskanzlers Helmut Schmidt «Obervolta mit Atombomben» war, dann ist Russland jetzt Saudi-Arabien mit Atombomben – keine Kombination, mit der man sich anlegen wollte, aber auch keine, die sonderlich reizvoll wäre. Niemand möchte ein russisches Auto oder einen russischen Anzug haben, geschweige denn eine russische Verfassung. Es fällt schwer zu sagen, worin eine «soft power» des Landes bestehen sollte: Seine Bevölkerung schrumpft, dezimiert von Alkoholismus und Aids, seine Nachbarstaaten schüchtert es ein und gängelt es, wie selbst der eigentlich freiwillig kremlhörige weißrussische Diktator Lukaschenko erfahren musste, als ihm plötzlich der Gaspreis in schwer erschwingliche Höhen hinaufgesetzt wurde. Das Los von Kaukasiern und Asiaten in Moskau ist unerfreulich, Rassismus verbreitet. «Multipolarität» heißt für die russische Führung vor allem globale Spielverderberei: Gespräche mit der palästinensischen Hamas, um den Westen zu ärgern, Bremsen bei Sanktionen gegen Teheran, weil eine iranische Atombombe zwar eine unangenehme Vorstellung, ein Schlag gegen die amerikanische Hegemonie aber unwiderstehlich genussvoll ist. Verbissener Nationalismus im Innern und bullige Machtpolitik nach außen sind nicht die Mittel, mit denen man den Respekt und die Sympathie der Völker erwerben könnte.

Russland, das den Zusammenbruch von 1991 ungeschehen machen und seinen politisch-moralischen Kollaps am Ende der Sowjetepoche nicht mehr wahrhaben will, ist eine Großmacht des Ressentiments – und das Ressentiment verdammt zur geistigen Unfreiheit und Abhängigkeit, zum ewigen Sich-Abarbeiten an erlittenen Demütigungen und fremder Überlegenheit.

Der einzige Gegenspieler des Westens, der mit radikalem und universalem Anspruch, mit einem wirklichen Kontrast- programm zur liberalen Moderne auftritt, ist der radikale Islamismus. Dass nicht die Menschen, sondern der im Koran unfehlbar bezeugte, ja wörtlich selbst sprechende Gott herrschen soll, ist in der Tat eine fundamentale Her- ausforderung für unsere Vorstellungen von einem aufge- klärten Gemeinwesen – und von einer humanen Existenz überhaupt. Aber es ist keine Vorstellung, die jenseits der muslimischen Welt auf nennenswerte Zustimmung oder Faszination rechnen könnte. Bei Nichtmuslimen löst die- ses Lebensideal weniger Bewunderung als Angst aus; sein weltweiter Erfolg würde globale Bekehrungserfolge in ge- waltigen Dimensionen voraussetzen, eine religiöse Expan- sion, wie sie der frühe Islam in den Tagen Mohammeds und der ersten Kalifen von Nordafrika bis nach Asien zu- stande brachte.

Nichts dergleichen ist in Sicht; der Fundamentalismus gilt Christen, Juden, Hindus, Buddhisten oder Ungläubi- gen nicht als Renaissance islamischer Größe, sondern als Krankheitssymptom für die Rückständigkeit der arabi- schen Welt. Selbst innerhalb der muslimischen Sphäre ist die Attraktivität des strengen Islamismus von Algerien über Ägypten bis nach Pakistan vor allem ein Produkt der Verachtung für die korrupten prowestlichen, von Amerika gestützten und amerikahörigen Regime der sogenannten moderaten Länder. Ein neo-extremer Brandredner wie Mahmoud Ahmadinejad löst Begeisterungsstürme aus, wenn er dem arroganten Westen die Leviten liest und die Herrscher in der mittelöstlichen Nachbarschaft als Kolla- borateure bloßstellt – aber wie viele Araber würden wirk- lich in einem maroden Gottesstaat wie dem Iran leben wollen? Ihr persönlicher Traum dürfte eher das boomende und kulturell relaxte Dubai sein. Meinungsumfragen unter Palästinensern zeigen, dass sie die israelische Besetzung verabscheuen, doch leben und regiert werden möchten sie in einem Staat wie Israel, der ihnen als Beispiel eines funktionierenden Gemeinwesens in nächster Nähe vor Augen steht.

Der Schriftsteller V. S. Naipaul, späterer Literaturnobelpreisträger, einer der großen internationalen Autoren des 20. Jahrhunderts, hielt 1992 in New York eine Vorlesung, die er unter die Überschrift «Unsere universale Zivilisation» gestellt hatte – «es ist ein ziemlich großer Titel, und er ist mir ein bisschen peinlich». Es war die Huntington-Inkubationszeit, im Hintergrund stand die Auseinandersetzung des Westens mit dem islamischen Fundamentalismus. Aber Naipaul wollte keine Zivilisationstheorien aufstellen, jedenfalls nicht gleich, sondern von sich selbst erzählen, davon, wie er zum Schriftsteller wurde. Er ist 1932 auf der Karibikinsel Trinidad geboren, als Angehöriger einer indischstämmigen Minderheit; sein Urgroßvater war als Kind dorthin gekommen. «Wir waren ein Volk des Rituals und von heiligen Texten. Wir hatten auch unsere Epen ... wir hörten sie ständig gesungen oder im Sprechgesang. Aber man könnte nicht sagen, dass wir ein literarisches Volk gewesen wären. Unsere Literatur, unsere Texte trieben uns nicht zur Erforschung unserer Welt; sie waren eher kulturelle Grenzmarkierungen; sie gaben uns ein Gefühl für die Ganzheit unserer Welt und für die Fremdheit dessen, was draußen lag.»

Naipauls Vater gehörte nicht mehr ganz zu dieser Welt; er war Journalist, in den engen Grenzen von Trinidad, aber mit der englischen Sprache war ihm das Bewusstsein eines weiteren kulturellen Horizonts gekommen, auch ein Bewusstsein literarischer Formen, wie der Roman eine ist. Sein Sohn wollte Romane schreiben. Dafür musste er von der Peripherie ins Zentrum gehen, aus der marginalen und kolonisierten Inselgemeinschaft in die Metropole, wo es eine kritische Öffentlichkeit gab und die europäische Literatur zu Hause war, in der man «zur Erforschung unserer Welt» Bücher schrieb.

Naipaul ging nach England. Er hätte, wie er sagt, nicht in die muslimische Welt gehen können, nicht nach China oder Japan, nicht nach Osteuropa, in die Sowjetunion oder nach Schwarzafrika, nicht einmal, glaubt er, nach Indien. Man kann über die Liste diskutieren, aber der Sinn ist klar: Es gibt eine privilegierte Zone, geographisch und intellektuell, eine Sphäre, in die man eintreten muss, um seine Kräfte und Möglichkeiten voll zu entwickeln, seine Individualität, um sich ausdrücken und schöpferisch werden zu können. Es ist ein Emanzipationsvorgang, und seine Richtung ist nicht beliebig und austauschbar. Der Weg führt von Trinidad nach London, nicht umgekehrt, nicht zurück. Und er führt auch nicht von Trinidad nach Kairo, Moskau oder Peking.

Seine eigene Geschichte vergleicht Naipaul mit den Geschichten der fundamentalistischen Muslime, die ihm auf seinen Reisen in den Iran, nach Pakistan, Malaysia und Indonesien begegnet sind – auch das in seinen Augen, wie die Inder von Trinidad, kolonisierte Völker, weil sie mit dem ursprünglich arabischen Islam eine fremde Religion angenommen haben. Es sind Konvertiten, und sie klammern sich an den neuen, ihre alten Überlieferungen auslöschenden Glauben mit dem Reinheitseifer von Konvertiten – im Gegensatz zu Naipaul, dessen Bildungserlebnis vor allem darin bestand, «vier oder fünf oder sechs verschiedene kulturelle Ideen in meinem Kopf zu tragen». «Ich begann», so Naipaul, «zu verstehen, dass ich ... einen anderen Weg gegangen war. Ich begann, die Idee der universalen Zivilisation zu formulieren – einer Zivilisation, in der ich, während ich in Trinidad aufwuchs, schon gelebt hatte oder deren Teil ich gewesen war, ohne es eigentlich zu wissen.»

Die islamischen Bekehrten dagegen «wollten ... nichts sein als ihr importierter arabischer Glaube; ich bekam den Eindruck, dass sie, im Idealfall, aus ihren Seelen und ihrem Geist eine *tabula rasa* machen wollten, eine Leere, damit sie nichts sein könnten als ihr Glaube. So eine Anstrengung, so eine selbstauferlegte Tyrannei. Keine Kolonisierung konnte schwerer wiegen als diese Kolonisierung durch den Glauben. Solange der Glaube hielt, solange er ohne Herausforderung zu sein schien, hielt die Welt vielleicht zusammen. Aber wenn von außen diese mächtige, umfassende Zivilisation auf den Plan trat, wussten die Menschen nicht, was sie tun sollten. Sie konnten nur tun, was zu tun sie fähig waren; sie konnten nur fanatischer in ihrem Glauben werden, mehr selbstgeißelnd, mehr bereit, sich von dem abzuwenden, womit sie, wie sie glaubten, nicht fertigwerden konnten.»

Der Fundamentalismus ist nicht nur nicht ursprünglich, nicht «fundamental», sondern eine Verzweiflungsreaktion auf die Moderne; er ist am Ende auch schwach und steht auf verlorenem Posten. Die selbstquälerische westliche Kulturkritik, nach der wir dekadent sind und den überzeugungsstarken Kraftnaturen vor unseren Toren die Zukunft gehört, ist falsch, ein romantischer Masochismus. Naipaul erzählt von einem Zeitungsredakteur in Teheran, einem Bannerträger der islamischen Revolution, der nach der Besetzung der amerikanischen Botschaft durch radikale Chomeini-Anhänger und der anschließenden diplomatischen Krise verzweifelt darüber ist, dass sein Sohn nun vergeblich auf ein Visum zum Studium in den USA warten wird. Naipaul zeigt sich überrascht – ein amerikanisches Visum, so wichtig, in dieser Revolutionsfamilie? «Es ist», sagt der Vater, «seine Zukunft.»

Naipaul ist kein Theoretiker und will kein Ideologe sein; er schweigt darüber, was die «universale Zivilisation», jenseits der kulturellen Selbstentfaltung, die ihm die Schriftstellerei ermöglichte, zum Inhalt hat. Er gibt nur zwei fragmentarische Hinweise. Obwohl religiös unmusikalisch, nennt er die biblische «Goldene Regel», das «Handle an anderen so, wie du willst, dass sie an dir handeln» – ein christlicher Gedanke, wie er ausdrücklich sagt, ohne Parallele im heimischen Hinduismus, eine Entdeckung, die er schon als Kind gemacht hat, das mit Schmerz und Grausamkeit nicht zurande kam. Das andere ist die Idee vom Streben nach Glück, «the pursuit of happiness», von der die Unabhängigkeitserklärung der Vereinigten Staaten spricht.

«Vertraute Worte», so Naipaul, «leicht für selbstverständlich genommen; leicht misszuverstehen. Diese Idee vom Streben nach Glück liegt im Herzen der Anziehungskraft der Zivilisation für so viele Menschen außerhalb oder an ihrem Rand. Ich staune, wenn ich darüber nachdenke, in welchem Grade diese Idee, nach zwei Jahrhunderten, und nach der schrecklichen Geschichte der ersten Hälfte dieses Jahrhunderts, zu einer gewissen Erfüllung gekommen ist. Es ist eine elastische Idee, sie passt allen Menschen. Sie bedingt eine gewisse Art Gesellschaft, eine gewisse Art von erwachtem Geist. Ich glaube nicht, dass die Eltern meines Vaters imstande gewesen wären, die Idee zu verstehen.

Es ist so viel darin enthalten: die Idee des Individuums, Verantwortlichkeit, die Möglichkeit zu wählen, das Leben des Geistes, die Idee von Berufung und Vervollkommnung und Leistung. Es ist eine gewaltige, menschliche Idee. Sie kann nicht auf ein festes System reduziert werden. Sie kann keinen Fanatismus hervorbringen. Aber man weiß, dass es sie gibt, und deshalb haben andere, starrere Systeme am Ende keinen Bestand.» Die Goldene Regel und «the pursuit of happiness» – etwas Christlich-Antikes und etwas Amerikanisches, als Kernstücke der Menschheitszivilisation identifiziert von einem britisch-indischen Weltschriftsteller aus der Karibik.

Es ist kein politisches Konzept, das V. S. Naipaul hier vertritt; er sagt nichts über Demokratie, Bürgerrechte oder die Marktwirtschaft. Aber ohne Zweifel hat es politische Konsequenzen. Der Glaube an das Individuum, an seine Verantwortung und Wahlfreiheit, verträgt sich nicht mit einem System der Gängelung und Bevormundung, schon gar nicht mit totalitärer Gedankenkontrolle. Naipaul denkt von der Kunst her, doch wo man kein Geschäft eröffnen und keine Zeitung herausbringen kann, da wird es auch schwer sein, einen Roman «zur Erforschung unserer Welt» zu publizieren. Die «universale Zivilisation» ist keine Blaupause für eine Staats- und Sozialordnung, sie kann sich in zahllosen kulturellen, historischen und regionalen Varianten realisieren. Den «dritten Weg» zwischen Sozialismus und Kapitalismus gibt es nicht, pflegt der Soziologe Ralf Dahrendorf festzustellen, aber innerhalb der offenen Gesellschaft gibt es hundert Wege. Was die «universale Zivilisation» verlangt, ist etwas Negatives, ein Minimum, ein Standard, der nicht unterschritten werden darf, ein Spielraum, in dem das Leben sich erst entfalten kann. Wir werden uns nie darüber einig werden, was das Dasein menschenwürdig macht. Aber was Inhumanität ist, das weiß man ziemlich genau. Bei Nacht vom Geheimdienst abgeholt zu werden ist überall unerträglich, ob in Berlin oder Burundi. Ebenso, wie keine Medikamente für das kranke Kind zu haben.

Ist Naipauls «universale Zivilisation» westlich? Er bemerkt, dass er über Indien mehr weiß als seine Großeltern. Die arabisch-islamische Gehirnwäsche, so empfindet er es, hat den Malaien oder Indonesiern ihre Vergangenheit weggenommen, während die «universale Zivilisation» den Kolonisierten ihre kulturelle Herkunft erst wiedergibt, zugänglich macht. Die Goldene Regel, die Naipaul im Hinduismus vermisst, kann man kaum «westlich» nennen; die Bibel, in der er sie gefunden hat, ist ein jüdisches und orientalisches Buch. Das «Streben nach Glück» haben die Verfasser der US-Unabhängigkeitserklärung als Menschenrecht proklamiert; sie haben es nicht erfunden. Es ist keine Sympathie für Amerika, die den iranischen Vater für seinen Sohn einen Studienplatz in den Vereinigten Staaten wünschen lässt, und kein Antiamerikanismus kann ihm diesen Wunsch austreiben oder ihn dagegen immunisieren; das Verlangen nach Wissen und Lebenschancen greift über die Frontlinien im «clash of civilizations» hinweg. Es ist kein Drängen nach Westen, sondern ans Licht.

Naipaul ist sich bewusst, dass seine Hymne auf eine aufgeklärte Menschheitskultur unter Imperialismusverdacht stehen muss. Tatsächlich ist ihm in seiner Autorenkarriere immer wieder vorgeworfen worden, die Kolonisierten, die eigene Herkunft, zu verraten und sich den weißen Unterdrückern an den Hals zu werfen. «Die universale Zivilisation», gibt er zu, «hat eine lange Entstehungsgeschichte.

Sie war nicht immer universal; sie war nicht immer so anziehend, wie sie heute ist. Die europäische Expansion hat ihr für wenigstens drei Jahrhunderte einen rassistischen Zug gegeben, der immer noch schmerzt. In Trinidad bin ich in den letzten Tagen dieser Art von Rassismus aufgewachsen. Und das hat mir vielleicht größeren Respekt für die ungeheuren Wandlungen eingeflößt, die seit dem Ende des Krieges stattgefunden haben, für den außerordentlichen Versuch dieser Zivilisation, sich dem Rest der Welt zu öffnen und allen Strömungen des Denkens dieser Welt.» Die globale Bestimmung des Westens ist nicht die Herrschaft, sondern die humanisierende Durchdringung und Transformation – aufgelöst wie ein Stück Zucker im Wasser der Geschichte.

Es gibt ein historisches Vorbild für diese Verwandlung des Westens aus einer exklusiven, früher dominierenden Sonderkultur in ein universales Ferment, einen Allgemeinbesitz der Menschheit. Es ist, wie der französische Strategie-Denker François Heisbourg festgestellt hat, der Hellenismus: die antike Spätzeit des Griechentums, als die einst stolzen Städte Athen, Korinth oder Theben militärisch, politisch und wirtschaftlich entmachtet waren, aber den gesamten Mittelmeerraum und den Orient, von Spanien bis zum Ganges, mit ihrer Zivilisation durchdrungen und geprägt haben. Die Sieger der Geschichte, Alexander der Große und das Römerreich, gingen bei den unterworfenen Hellenen in die Schule, lernten ihre Sprache, übernahmen ihre Wissenschaft, Bildhauerkunst und Architektur. Die Griechen, die niemandes Herren mehr waren, nicht einmal Herren ihrer selbst, wurden zu Lehrern der Welt.

Auf einen solchen Prozess der freiwilligen Erbfolge, auf die Entstehung einer von ihren Ursprüngen sich ablösenden Metakultur muss heute auch der Westen setzen. Echte Menschheitserrungenschaften haben das Zeug zur Dauerhaftigkeit, auch wenn das Machtfundament zerbrochen ist, auf dem sie einmal gegründet waren. Indien hat Rechtsstaat und Bürgerfreiheit nicht als koloniale Überfremdung und europäischen Importballast zurückgewiesen, nachdem es die Unabhängigkeit vom britischen Empire ertrotzt hatte; es hat im Gegenteil geradezu stur durch alle Chaos- und Elendsperioden daran festgehalten. Die Humanitätsphilosophie der Amerikanischen und der Französischen Revolution, ein abendländisches Produkt, ist bei Gründung der Vereinten Nationen 1948 durch die «Allgemeine Erklärung der Menschenrechte» zum globalen Standard erhoben worden – von einem Redaktionskomitee, dem neben drei Westlern unter Federführung der amerikanischen Präsidentenwitwe Eleanor Roosevelt ein Chinese, ein Chilene und ein Russe, ein Inder, ein Libanese und ein Filipino angehörten. Sie machten sich damit nicht zu Komplizen einer geistigen Kolonisierung, sondern nahmen für die Völker und Kulturen ihrer Herkunft einen Besitz in Anspruch, der ihnen lange vorenthalten worden war und der jedermann zustand.

Das Hellenismus-Beispiel zitierend, hatte der britische Premierminister Harold Macmillan nach dem Verlust des Empire bemerkt, die Engländer sollten nun für die junge Supermacht Amerika das werden, was die weisen Griechen in der späten Antike für die Römer waren. Jetzt, da auch die Kraft der Vereinigten Staaten an ihre Grenzen kommt und die nächste geopolitische Führungsgarnitur nach vorn drängt, wird es zur Aufgabe von Amerikanern und Europäern zusammen, die Griechen einer globalisierten Welt zu sein.

Der Kampf der Kulturen und
die Einheit des Menschengeschlechts

Assisi, die Stadt des heiligen Franziskus, ist Anfang September 2006 für zwei Tage ein Pilgerziel besonderer Art, eine temporäre Weltglaubenshauptstadt. Man sieht die violetten Käppis katholischer Bischöfe, die Turbane muslimischer Geistlicher, Rabbiner mit steifem Hut, die geschorenen Köpfe buddhistischer Mönche. In der Lobby des «Grand Hotel Assisi» schwirrt es wie auf einer interkulturellen UN-Konferenz. Im Herbst 1986 hatte Papst Johannes Paul II. Religionsführer aller Couleur, Christen und Nichtchristen, hier zu einem «Weltgebetstag» für den Frieden versammelt, in einer der spektakulärsten Aktionen seines Pontifikats. Die katholische Laiengemeinschaft «Sant' Egidio», die den Dialog in eigener Regie fortgeführt hat, hat jetzt, zwanzig Jahre später, zum Jubiläumstreffen eingeladen: Podiumsdiskussionen, dann eine Gebetszeit, getrennt nach Glaubensgemeinschaften, am Ende Prozession und Kundgebung auf dem Platz vor der Franziskus-Basilika. Die bunten Würdenträger in ihren Soutanen, Habiten, Roben und Burnussen nehmen auf der Bühne Platz. In der ersten Zuschauerreihe sitzt der italienische Staatspräsident, links und rechts neben dem Publikum stehen zwei Ehrengardisten mit blanken Kürassier-Helmen, eine napoleonisch stilisierte Schildwache der Republik. Von der Stadt auf dem Berg schaut man hinab in die dämmernde Ebene, wo, später umbaut von einer riesigen Basilika, die «Porziuncola» steht, das Kirchlein an jener Stelle, wo Franziskus seinen Orden gründete, wo er 1226 starb und wo er begraben liegt. Festliches Friedens-Open-Air an einem lauen umbrischen Spätsommerabend.

Als Johannes Paul II. 1986 zum Weltgebetstag rief, herrschten noch Kalter Krieg und Atomangst; die Religionen waren eine marginale Friedenshoffnung in einer säkularen Ideologie- und Militärkonfrontation. Inzwischen, seit der Zuspitzung des Konflikts mit dem radikalen Islam, stehen sie im Zentrum – und nicht jeder wird sagen, dass sie eine Hoffnung sind. Das andere Jubiläum, das in diesen September fällt, heißt «Fünf Jahre seit 9/11». Assisi ist auch eine Art, dieses Katastrophendatums zu gedenken: mit einem Gegen-Jahrestag, einem Gegenentwurf zum «Kampf der Kulturen.»

So war die Szene nicht ohne Spannung, als das Assisi-Treffen am Vortag im überfüllten Saal des Kultur- und Kongresszentrums im Nachbarort Santa Maria degli Angeli begann. Nicht ohne Spannung auch, weil es inzwischen einen neuen Papst gab. Kardinal Joseph Ratzinger, seinerzeit Präfekt der Glaubenskongregation, verantwortlich für die Reinheit der katholischen Lehre, soll 1986 von dem Assisi-Event nicht begeistert gewesen sein. Ihn muss die Gefahr eines Glaubensmischmaschs geschreckt haben, einer konturlosen pazifistischen Universalspiritualität. Inzwischen hat er als Benedikt XVI. den Stuhl Petri bestiegen. Würde nun ein anderer Geist aus Rom wehen: Schluss mit dem Schmusepluralismus, zurück (oder voran) zu einer harten Linie der christlich-abendländischen Identitätsbehauptung? Der Irakkriegsgegner Johannes Paul II., der schon 1985 im Stadion von Casablanca vor 80 000 muslimischen Jugendlichen gesprochen und 2001 in Damaskus die Omajjaden-Moschee besucht hatte, war bei seinem Tod im April 2005 in der islamischen Welt als Freund (und respektabler Bundesgenosse gegen den amerikanischen Imperialismus) betrauert worden. Für Kreuzzüge stand Karol Wojtyla nicht zur Verfügung, die Vorstellung war ihm geradezu ein Albtraum, bereits während des Golfkriegs von Präsident Bush sen. 1991. Würde jetzt der Papst des «clash of civilizations» kommen?

Dass man den Fremdgläubigen, vor allem den Muslimen, schon viel zu weit entgegengekommen sei, finden in den Jahren nach dem 11. September nicht nur strenge, traditionalistische Katholiken. Die italienische Starjournalistin Oriana Fallaci, von Hause aus keine Anwältin des christlichen Abendlands, sondern eine linke, agnostische Feministin, hat 2001 unter dem Titel «Die Wut und der Stolz» eine geradezu hasserfüllte Polemik gegen den Islam veröffentlicht, mit sensationellem Bestsellererfolg. Benedikt XVI. hat die schwerkranke Autorin in Privataudienz empfangen. Vordenker der italienischen Rechten, der intellektuelle Flügel des Berlusconianismus, sehen im neuen Papst einen katholischen Neokonservativen, einen Mitstreiter im «war on terror» und womöglich besseren Repräsentanten des Westens als George W. Bush.

Und es ist nicht nur die Rechte, und nicht nur in Italien. Eine kämpferische Stimmung gegenüber dem Islam breitet sich in ganz Europa aus, gerade bei linken oder liberalen Exachtundsechzigern, denen die westliche Selbstverleugnung unheimlich wird. In Amsterdam ist im November 2004 der Filmemacher Theo van Gogh von einem fanatisierten Marokkaner ermordet worden, eine Tat, die das ganze traditionsreiche niederländische Toleranzmodell erschüttert hat, mit teils panikartigen antiislamischen Konvulsionen in Politik und Medien. Die Londoner Bombenattentate vom Juli 2005 haben den britischen Multikulturalismus unterminiert, das nationale Selbstbild einer «Gemeinschaft von Gemeinschaften», die auf Assimilation verzichtet und keine Angst vor Parallelgesellschaften hat. Kopftücher, Moscheen, die türkische EU-Bewerbung – alles erregt, verbittert und polarisiert jetzt. Andrea Riccardi, der Gründer von «Sant' Egidio» und Spiritus Rector der Assisi-Begegnung, spricht selbst davon, dass die Dialogphilosophie unter den neuen weltpolitischen Vorzeichen als anachronistisches Gutmenschentum abgeschrieben werden könnte, als «gefährliche Naivität im Angesicht kriegerischer und terroristischer Bedrohungen».

Daher die unruhige, leicht nervöse Erwartung, als Domenico Sorrentino, der Bischof von Assisi, am Eröffnungstag des Religionstreffens ans Pult tritt, um eine Botschaft von Papst Benedikt XVI. zu überbringen. Es ist ein langes Dokument, kein Höflichkeitsgrußwort, sondern sieben Seiten Selbstgedachtes und Selbstgeschriebenes – der Bischof wird nicht damit gerechnet haben, im Namen seines obersten Dienstherrn einen ganzen Traktat vortragen zu müssen. Der Papst unterdrückt nicht die Mahnung, sich vor einer relativistischen Mischfrömmigkeit in Acht zu nehmen. Der Ton ist strenger und kühler als bei dem globalen Menschenfischer Johannes Paul II. Aber statt nur Zurechtweisungen zu bieten, vertieft und erweitert Benedikt XVI. das Projekt. Er geht über das wohlmeinende Dialogbusiness hinaus und begründet den Religionsfrieden in einer universalen Ethik der Liebe: «Der Glaube an Gott, den Schöpfer des Alls und Vater aller, kann nicht anders, als unter den Menschen Beziehungen allgemeiner Brüderlichkeit zu befördern.» Der Papst bleibt nicht beim Stammvater Abraham stehen, auf den sich Juden, Christen und Muslime berufen, er greift bis auf den göttlichen Bund mit Noah zurück, der alle Menschen einschließt und sich laut Bibel im Regenbogen manifestiert: schönste Ratzinger'sche Glaubens- und

Ideenmusik. Nicht nur die monotheistischen Buchreligionen, sondern die gesamte Geschichts- und Gattungsentwicklung wird durch eine Ur-Offenbarung umfassender Gotteskindschaft zusammengehalten. Gerade indem er so ungeniert Theologie treibt, und nicht kompromisshafte Weltkulturpolitik, macht Benedikt XVI. sich zum Anwalt für die Einheit des Menschengeschlechts.

Es ist, wie sich in Assisi zeigte, etwas Merkwürdiges um die Rolle der Kirche, besonders der katholischen Kirche, in der Debatte über den Westen, den «clash of civilizations» und die multipolare Welt des 21. Jahrhunderts. Auf den ersten Blick scheint kein Instrument im Arsenal des Westens weniger globalisierungstauglich als die Religion zu sein. Nicht das Christentum hat den Erdball erobert, sondern die Rationalität – Wissenschaft und Technik, Markt und Bürokratie. Das war für alle verkraftbar und einleuchtend: das objektive Fundament für praktischen, messbaren Fortschritt, keine weltanschauliche Zumutung wie das Kreuz der Missionare. Nun wieder über Gottesbilder zu streiten wirkt wie ein verrückter Rückschritt, wie das sicherste Rezept für einen Weltbürgerkrieg, unversöhnlich wie die europäischen Religionskämpfe zwischen Katholiken und Protestanten, die den Kontinent und besonders Deutschland im 16. und 17. Jahrhundert bis zur leichenblassen Erschöpfung ausgeblutet haben.

Es liegt eine Gefahr darin, wenn politische Konflikte zwischen dem Westen und dem Orient auf eine Glaubensebene geschoben werden, wo sie unlösbar sind. Über den Abzug amerikanischer Truppen aus dem Irak kann man immerhin verhandeln. Aber darüber, ob das Christentum oder der Islam die bessere, richtigere Religion ist? Sieht man am

Beispiel der USA nicht, wie die politisierte Frömmigkeit die Aggression schürt? Ganz abgesehen davon, dass der Westen kaum mehr als «christlich» auftreten kann, seit das aktive und bewusste Christentum in Europa ein Minderheitenphänomen geworden ist. Hinter dem neuen Misstrauen stand längst ein viel radikalerer Verdacht gegen die Transzendenz überhaupt, eine Renaissance der aufklärerischen Extremposition, dass der Glaube seinem Wesen nach Fanatismus, dass er eine Krankheit der Geschichte sei. Bin Laden wäre nicht, wie die Politiker in ihren Beschwichtigungsreden versicherten, eine Perversion des Islams, er wäre die hässliche Wahrheit über die Gottesidee. Die Religion jedenfalls, das sahen auch weniger unerbittliche Säkularisten so, war nicht die Lösung, sondern das Problem der Welt nach dem 11. September 2001.

Der Papst jedoch wendete die These genau ins Gegenteil: Für ihn ist die nackte, rein diesseitige Rationalität des Westens die Provokation, die den Rest der Menschheit verletzt und aufbringt. «Von den tiefreligiösen Kulturen der Welt», so Benedikt XVI. in seiner Regensburger Rede, von der nur der vermeintliche Angriff auf den Islam ins öffentliche Bewusstsein gedrungen ist, «wird gerade dieser Ausschluss des Göttlichen aus der Universalität der Vernunft als Verstoß gegen ihre innersten Überzeugungen angesehen. Eine Vernunft, die dem Göttlichen gegenüber taub ist und Religion in den Bereich der Subkulturen abdrängt, ist unfähig zum Dialog der Kulturen.» Oder, umgekehrt, den Blick auf das Abendland gerichtet: Nur die Wiederentdeckung des eigenen christlichen Erbes kann uns gesprächsfähig mit Andersgläubigen machen. «Die Toleranz», so Benedikt zwei Tage vor «Regensburg» während einer Messe in München, «die wir dringend brauchen, schließt die Ehrfurcht vor

Gott ein – die Ehrfurcht vor dem, was dem anderen heilig ist. Diese Ehrfurcht vor dem Heiligen der anderen setzt aber wiederum voraus, dass wir selbst die Ehrfurcht vor Gott wieder lernen.»

Eine Argumentationsfinte, ein dialektischer Überraschungscoup: Die Kirche zieht rechts am fortschrittlichen Mainstream vorbei in die Zukunft und präsentiert sich als die eigentlich kompetente Instanz für die globale Multikultur. Am Ende des religionspolitisch aufwühlenden Jahres 2006, als der Papst seine Reisen nach Bayern und in die Türkei in einer vorweihnachtlichen Ansprache vor seinen Mitarbeitern in Rom Revue passieren ließ, bot er dem Islam in diesem Sinne eine Art katholische Entwicklungspartnerschaft auf dem Weg in die Moderne an. Man müsse sich klarmachen, dass die muslimische Welt heute vor ähnlichen Herausforderungen stehe wie das Christentum durch die Aufklärung: sich nicht dem puren Säkularismus zu unterwerfen, der Gott aus der Öffentlichkeit verdrängen will, aber die wirklichen Errungenschaften der neuen Zeit, vor allem die Glaubens- und Gewissensfreiheit, anzuerkennen.

Benedikt XVI. unterdrückte das Eingeständnis nicht, dass die Versöhnung von Religion und Moderne im Abendland ein langwieriger und mühsamer Prozess war. Erst mit dem Zweiten Vatikanischen Konzil, der reformerischen Kirchenversammlung Anfang der 1960er Jahre, hatte der Katholizismus eine akzeptable Balance zwischen Tradition und Freiheit erreicht. Das, gab der Papst zu verstehen, könnte ein Modell auch für den Islam sein – attraktiver als die spirituelle Leere der amerikanisch-europäischen Überflussgesellschaft oder der verbissene Laizismus der türkischen Generale, die das Grün des Propheten fürchten wie der Teufel das Weihwasser. Ausgerechnet die Kirche, die Vertreterin einer scheinbar anachronistischen, historisch entmachteten Spielart von «Westlichkeit», erhob hier den Anspruch, einen Westen ohne imperialistische Allüren zu repräsentieren – und gerade so zum universalen Vorbild zu taugen.

Das war mehr als Chuzpe oder Wunschphantasie. Tatsächlich wirkt ein aufgeklärter Glaube eher zu Toleranz und kultureller Sensibilität fähig als ein Aufklärungsfanatismus, ein auftrumpfendes religiöses Analphabetentum, das die Moderne mit der Brechstange durchsetzen will. Als der Vatikan mit seinem Plädoyer für einen «Gottesbezug» in der später aufgegebenen EU-Verfassung gescheitert war, trug der deutsche Altkanzler Helmut Kohl die interessante Spekulation vor, das sei nicht das Ende der Geschichte – eines Tages werde Europa sich schon noch zu seinen religiösen Fundamenten bekennen, und das würden die Muslime besorgen. In Italien, wo man den römischen Priesterkragen und die Ordenstracht der Nonne an jeder Straßenecke sehen kann, ist der Umgang mit einem sichtbaren Islam entspannter als im religiös ausgedörrten europäischen Norden. Fromme muslimische Familien in Frankreich, deren Töchter das Kopftuch tragen, schicken die Mädchen in katholische Privatschulen, wo das staatliche Verbot aller Glaubenssymbole im Klassenzimmer nicht gilt. Die AKP, die postislamistische Regierungspartei der Türkei, wird sich am Beispiel der Christdemokratie orientieren, um eine politische Identität jenseits von Gottesstaatlichkeit und sterilem Laizismus zu entwickeln.

Das sind die Lernprozesse, Mischidentitäten und Paradoxien, die in die Zukunft weisen. Der Kampfsäkularismus dagegen, der weite Teile der europäischen Öffentlichkeit im Angesicht der muslimischen Präsenz ergriffen hat, ist allenfalls zur moralischen Aufrüstung (wenn nicht zur xenophoben Enthemmung) der Mehrheitsgesellschaft nütze. Hundertprozentige Neu-Westler wie die gewiss eindrucksvolle Publizistin und Polemikerin Ayaan Hirsi Ali, die nach einem quälenden Frauenschicksal dem Islam voller Zorn und Verachtung komplett den Rücken gekehrt hat, werden trotzdem schwerlich zum Rollenvorbild für eine Massenbewegung selbstbewusster, emanzipierter Musliminnen werden. Zu viel Hochmut und Renegateneifer, zu viel Stolz auf das Angekommensein und Es-endlich-geschafft-Haben zerstören die Attraktivität des Fortschritts für die angeblich Zurückgebliebenen. Da dürfte das Designer-Kopftuch, das sich die Frau des frommen türkischen Staatspräsidenten Abdullah Gül hat entwerfen lassen, bessere Dienste zur Integration von Islam und Moderne leisten.

Ein junger italienischer Intellektueller, der eine Zeitlang im Vatikan unter dem mit allen weltpolitischen Wassern gewaschenen Kuriendiplomaten Kardinal Silvestrini in der «Kongregation für die orientalischen Kirchen» gearbeitet hatte, konnte ein paar Monate nach der Thronbesteigung Benedikts XVI. nur lachen, als er gefragt wurde, ob der Papst ein Neokonservativer sei und an der Seite der Bush-Amerikaner in den Kulturkampf ziehen werde. «Die Kirche ist nicht westlich, die Kirche ist universal», war seine schlichte Antwort. In Deutschland ist es beim Weltjugendtag 2005 in Köln zu sehen gewesen – die Fahnen aus aller Herren Länder, die verschiedenen Hautfarben, die himmelweit verschiedenen Frömmigkeitstemperamente zwischen Osnabrück und Kinshasa. Die Kopten in Ägypten oder die assyrischen Christen im Zweistromland, uralte Kirchen, sind nicht «westlich»; die seit Jahrhunderten oder seit gestern bekehrten Christen in Lateinamerika, Afrika, Vietnam,

Korea oder den Philippinen sind es auch nicht. Die «Unierten», die papsttreuen Ukrainer, haben einen östlichen Ritus wie die Russisch-Orthodoxen und sind trotzdem Teil des katholischen Gesamtkunstwerks – auf kulturelle Assimilation kommt es im «Leib des Herrn» nicht an.

Die Globalisierung nach Art des Katholizismus ist keine McDonald's-hafte Einheitszivilisation, und politisch liegt sie in der Regel nicht auf einer Linie mit den Vereinigten Staaten. Sie ist Dritte-Welt- und UN-freundlich, kapitalismuskritisch und tendenziell pazifistisch, und in der Nahostpolitik hat sie traditionell eine proarabische Schlagseite. Der kirchliche Widerstand gegen Ehescheidung, Abtreibung und Homosexualität entspricht dem konservativen Geschmack auch in anderen Religionen und Kulturen. Für die katholische Soziallehre ist der Mensch nicht «Individuum», sondern «Person», von Anfang an ein Gemeinschaftswesen, das Solidarität und Gerechtigkeit nicht weniger braucht als Freiheit – da steht die Kirche mit der Linken zusammen gegen den Marktliberalismus. Sie misstraut der plattmachenden Konsum-Internationale, weil der Materialismus die Gottessehnsucht zerstört, sie misstraut aber ebenso dem Kulturrelativismus, der Stammes- und Volksvergötzung, weil alle Erdenkinder gemeinsam von Adam und Eva abstammen und alle in Christus erlöst sind. Als Konfrontation zwischen «Jihad» und «McWorld», zwischen einem Fanatismus der Abgrenzung und einer banalen Uniformität, hat der amerikanische Politologe Benjamin Barber den Grundkonflikt der Gegenwart beschrieben. Die katholische Vision von der Einheit des Menschengeschlechts in der Vielfalt seiner historischen Gestalten ist der Versuch eines dritten Weges.

Das lässt sich nicht einfach auf die Weltpolitik übertragen. Man kann den modernen Westen nicht in das christliche Abendland zurückverwandeln und den Missionarismus von Markt und Menschenrechten nicht wieder durch die authentische religiöse Mission ersetzen. Doch das «Katholische» ist kein schlechtes Bild für eine Universalität, die mehr als westlich ist, kulturell unspießig, nicht überall Aberglaube und Rückständigkeit witternd, mit einem Menschenbild, das mehr sieht als einen Kunden vor einem Supermarktregal. Man wird damit leben müssen, und man kann auch damit leben, dass eine künftige Demokratie in islamischen Ländern keine chemisch reine Trennung von Staat und Religion praktizieren mag, sondern islamisch bleibt. Man wird das human Unabdingbare vom kulturell Variablen zu unterscheiden lernen: Dass Glaubenswechsel oder Glaubensabkehr verboten und sogar mit dem Tode bedroht werden, dass Frauen Bürger zweiter Klasse sein sollen, können wir nicht akzeptieren – aber man muss in Mekka keine Kirche bauen dürfen und von einem muslimischen Land nicht die Einführung der Schwulenehe verlangen. Es wäre bizarr, von Afghanistan das volle politisch korrekte Programm von Geschlechtergleichstellung und «gender mainstreaming» zu verlangen – aber für ein Schul- oder Universitätssystem, das sich nicht um Mädchenbildung kümmert oder sie gar behindert, würden wir zu Recht kein Geld geben.

Der Katholizismus mit seiner schwierigen Geschichte mit der Moderne, mit seiner Spagatstellung zwischen Urtraditionalismus und Fortschrittsrealität, seinen Anpassungs- und Widerstandserfahrungen, hat solche Balancen ausprobiert und eingeübt. In ihren triumphalistischen Zeiten hat die Kirche, weiß Gott, ein weniger sympathisches

Gesicht gezeigt. Gegenüber den Indios in Südamerika, die das Christentum von den iberischen Eroberern aufgezwungen bekamen, konnte von Toleranz und Sensibilität keine Rede sein. Doch jetzt, da die Kirche schwächer und klüger geworden ist, mag ein geschwächter Westen von ihr die eine oder andere Lektion an Weite und Großzügigkeit lernen.

Zwischen Washington und Rom

Die Epoche der westlichen Vorherrschaft über den Erdball geht zu Ende. Die Machtverschiebung ist im Gange, ökonomisch und demographisch zuerst, dann auch politisch und militärisch; die Institutionen und Spielregeln werden folgen: die Art, wie die Welt regiert wird. Amerika und Europa werden Platz machen, Raum schaffen müssen. Es geht nicht an, dass sie weiter die Chefposten in der Weltbank und im Internationalen Währungsfonds untereinander aufteilen; es geht nicht an, dass China der einzige «südliche» Staat mit ständigem Sitz im UN-Sicherheitsrat ist. In den Kreis der anerkannten Nuklearmächte hat sich Indien schon vorgekämpft. Die Gruppe der führenden Industrienationen, die «Weltwirtschaftsgipfel» veranstaltet, wird nicht mehr lange «G 7» oder (mit Russland) «G 8» heißen; sie wird neun, zehn oder noch ein paar Mitglieder mehr haben. Die Clubs der Reichen und Mächtigen müssen sich öffnen – oder es wird ihnen von draußen die Tür eingedrückt.

Die Lage des Westens ist nicht verzweifelt. Seine Bürger werden noch lange wohlhabender sein als der Rest der

Welt, seine Forschung und Wissenschaft unerreicht, das Militär der Vereinigten Staaten unschlagbar in jedem großen Krieg. An den Flüchtlingsströmen, den Green-Card-Anträgen und den Schlangen vor den Visa-Schaltern der westlichen Konsulate lässt sich die ungebrochene Anziehungskraft einer Lebensform ablesen, die nicht nur Wohlstand verspricht, sondern auch Emanzipation und Selbstbestimmung. Für keinen der Konkurrenten ist die Siegerstraße gebahnt. China kann implodieren, Indien ins Chaos zurücksinken; Russlands Renaissance dürfte eine Scheinblüte sein. Die islamische Welt ist eine Gefahr für sich selbst mehr als für die amerikanisch-europäische Hegemonie.

Noch hat der Westen sein Kapital als globale Ordnungskraft nicht aufgebraucht, als Hüter minimaler Zivilisationsstandards im Dschungel von Machtkampf und Wirtschafts-Wettbewerb. «Wenn es in der Meerenge von Taiwan eine Krise gibt», hat der britische Diplomat und Autor Robert Cooper über die Unentbehrlichkeit der USA bemerkt, «ist es die amerikanische Flotte, die erscheint. Wenn es Spannungen in Kaschmir gibt, ist es der amerikanische Botschafter oder stellvertretende Außenminister, der auftaucht.» Und wenn irgendwo auf der Welt Blei in der Spielzeugbemalung oder Formaldehyd in Kinderschlafanzügen aus chinesischer Produktion festgestellt wird, erkundigen sich die Behörden nach den zulässigen Richtwerten in den Verbraucherschutzbestimmungen der Europäischen Union. Niemand würde einstweilen auf die Idee kommen, sich an Moskau oder Neu-Delhi zu wenden.

«Am wichtigsten», hat der amerikanische Expräsident Bill Clinton schon im Sommer 2004 geahnt, als es um die Vereinigten Staaten noch besser zu stehen schien, «ist nicht, alle Probleme der Welt zu lösen. Das können wir nicht. Am wichtigsten ist es, eine Welt zu schaffen, in der wir auch dann noch leben mögen, wenn wir nicht mehr ihre einzige Supermacht sind.» Das ist die Aufgabe, die sich jetzt dem gesamten Westen stellt. Zwei Jahrzehnte zum Prägen der globalen Agenda bleiben ihm gewiss. Er muss sie nutzen, um die Aufsteigermächte von den Vorzügen eines internationalen Rechtszustands zu überzeugen – davon, dass Normen und Regeln auch für die neuen Starken besser sind als das Gesetz der Stärke allein. Noch ist Zeit, einer opportunistischen Droh- und Erpressungspolitik wie der russischen die kalte Schulter zu zeigen und sie vor der Weltgemeinschaft anzuprangern, bevor sie als normal akzeptiert wird. Noch kann man deutlich machen, dass Taiwan nicht die Maus für die chinesische Katze ist.

Einen neuen Kalten Krieg mit den Autokratien in Moskau, Peking, Teheran oder Zentralasien sollten wir nicht suchen – aber wenn er uns aufgedrängt wird, müssen wir fähig sein, ihn zu bestehen, und wir sind es auch. Die Chinesen schäumten, als Angela Merkel im Kanzleramt den Dalai Lama empfing, doch am Ende respektieren sie Selbstbewusstsein mehr als Servilität. Wenn Putin die Polen und Balten als Europäer zweiter Klasse behandelt und die Ukraine oder Georgien wieder in den russischen Machtbereich einsaugen will, kann die westliche Antwort nur ein glasklares Nein sein – nicht bloß aus Washington, sondern ebenso aus Berlin. Und falls Sanktionen gegen das iranische Mullah-Regime die deutsche Exportwirtschaft ein paar Großaufträge kosten, dann werden wir auch das überleben.

Der Westen muss akzeptieren, dass andere Völker und Kontinente einen wachsenden Anteil an den Gütern und Lebenschancen der Zukunft verlangen – keineswegs muss er eine globale Renaissance der Diktatur absegnen. Den Autokraten, die sich hinter den Parolen von «nationaler Souveränität» und «Nichteinmischung in die inneren Angelegenheiten» gegen die universale Geltung von Freiheit und Menschenrechten verschanzen, könnte es so passen, dass ihre Herrschaftsinteressen mit den vorwärtstreibenden Kräften der Geschichte identifiziert werden. Aber es stimmt nicht. Wenn das amerikanische Imperium auch von gestern sein mag, so bleibt die chinesische Parteidiktatur immer noch von vorgestern. Wir erleben eine internationale Machtverschiebung, nicht die Umwertung aller Werte oder den Eintritt in eine Welt jenseits von Gut und Böse.

Auf Regeln freilich wird der Westen nur bestehen können, wenn er selbst sich ihnen unterwirft. Keine Modernisierung der Türkei, wenn nicht klar ist, dass auch ein muslimisches Land der EU beitreten kann. Kein Stopp der Atomwaffenverbreitung ohne Abrüstungsbereitschaft der etablierten Nuklearstaaten. Kein Energiesparen der Schwellenländer, wenn die Reichen nicht ihren benzinverjubelnden Lebensstil einschränken. Kein chinesischer oder indischer Verzicht auf egoistische Großmachtpolitik, wenn die USA sich an die Selbstherrlichkeit der Bush-Jahre klammern. Es sind nicht einfach andere *Mächte*, die neben dem Westen auf den Plan treten, es sind Abermillionen von *Menschen* im Osten und Süden, die sich politisch bewusst werden und Fairness in den Weltverhältnissen verlangen. Dieses Gerechtigkeitsbedürfnis kann bizarre, hysterische und gefährliche Formen annehmen, wie das Verlangen nach einer «islamischen Bombe», der Jubel für Chávez und Ahmadinejad oder die chauvinistische Wut, mit der die Chinesen seinerzeit auf die irrtümliche Zerstörung ihrer Belgrader Botschaft reagierten. Aber das «politische Erwachen»

(Zbigniew Brzezinski) der Weltmehrheit, ihr allgegenwärtiges Mithören, Zuschauen und Mitredenwollen, ist eine fundamentale, unumstößliche Tatsache. Eine globale Klassengesellschaft wird nicht mehr akzeptiert. Für ihren ganzen Idealismus, ob europäisch-wohlfahrtsstaatlich oder amerikanisch-freiheitspathetisch, werden die Westler keine Abnehmer finden, wenn sie als doppelmoralische Heuchler oder als arrogante internationale Möchtegern-Aristokratie wahrgenommen werden.

Das Projekt des gewaltsamen Demokratie-Exports ist gescheitert und diskreditiert. Doch heißt das nicht, dass nun die Rückkehr zur kaltschnäuzigen Macht- und Realpolitik richtig wäre. Man lässt sich leicht eine Alternative von Weltmission oder Zynismus einreden, aber diese Alternative ist falsch. Der Westen hat das übrigens schon einmal gewusst, ihm war klar, dass «Idealismus» nicht einfach den blauäugigen Kreuzzug für Markt und Demokratie bedeutet, wie George W. Bush ihn verstand. Als der amerikanische Präsident Franklin D. Roosevelt 1941 der Anti-Hitler-Allianz eine moralische Basis geben und die Aussicht auf eine bessere Nachkriegszeit eröffnen wollte, proklamierte er «vier Freiheiten», die jedem Menschen zustehen sollten: die Freiheit der Rede, die Freiheit der Religion, die Freiheit von Not und die Freiheit von Furcht. Nur die ersten beiden, die Meinungs- und die Glaubensfreiheit, waren klassische, liberale Freiheiten – in den zwei anderen steckte die Einsicht, dass zur Menschenwürde auch eine soziale Dimension gehört, ein Recht auf Schutz und Entfaltung, das über die altbürgerliche Abwehr von staatlichen Eingriffen hinausreicht. Diesen weiteren Freiheitsbegriff muss der Westen wiederentdecken, wenn er in einer Welt Gehör finden will, aus der Unterentwicklung, Armut, Krankheit und Gewalt nicht verschwunden sind.

Der scheinbar hartgesottene Realismus dagegen ist selbst eine Illusion. Man könnte nichts Törichteres tun, als in einem Augenblick der eigenen Schwäche ausgerechnet auf eine prinzipienferne Politik der Stärke zu setzen. Mit ihren Werten stehen Amerika und Europa langfristig besser da als mit ihrer Macht. In einem schönen Buch mit dem schlichten Titel «Freie Welt» zitiert Timothy Garton Ash den Dichter James Fenton mit einer poetischen Vorhersage zur Zukunft der chinesischen Freiheitsbewegung, die im Sommer 1989 von den Panzern der kommunistischen «Volksbefreiungsarmee» niedergewalzt wurde: «they'll come again / to Tiananmen» – sie werden wieder zum Platz des Himmlischen Friedens kommen. Diese Geschichte ist noch nicht zu Ende, und kein offiziöses Reden von Stabilität und «harmonischer Gesellschaft» wird das Volk daran hindern, das Schlusskapitel eines Tages nach seinem eigenen Geschmack zu verfassen. Die «freie Welt» ist schon heute größer als das atlantische Bündnis, das sich zu Zeiten des Kalten Krieges gegen die Sowjetunion so nennen durfte; Indien und Südafrika, die Philippinen oder Indonesien gehören auch zur demokratischen Familie. Die Herrschenden in Peking sollten nicht hoffen, und wir müssen nicht fürchten, dass China auf Dauer außerhalb dieses Kreises bleibt.

Wohl hatte Francis Fukuyama unrecht, als er vom «Ende der Geschichte» sprach. Das war zu mechanisch gedacht, der Sieg von Demokratie und Menschenrechten vollzieht sich nicht als unaufhaltsamer Modernisierungsprozess. Nichts spricht dafür, dass die historische Entwicklung je an einem Ziel ankommt und zur Ruhe gelangt. Aber wenn auf der einen Seite Fukuyamas Universalismus steht und auf der anderen Samuel Huntington mit seinem Glauben an die unaufhebbare Verschiedenheit der Kulturen und an die Relativität aller Werte – dann ist es Fukuyama, der unsere Stimme verdient. Die Kulturdifferenzen und unterschiedlichen historischen Prägungen sind nicht das letzte Wort über den Menschen. Wo immer er aufwächst, er will seine Glieder strecken und aufrecht gehen. Das Verlangen nach Freiheit, im elementarsten wie im erhabensten Sinne, ist ihm mitgegeben, und nur durch Gehirnwäsche kann es ihm ausgetrieben werden.

Jenseits des «clash of civilizations» liegt die Einheit des Menschengeschlechts. Der Westen, wenn er sich selbst recht versteht und seinem Anspruch genügt, ist nicht Partei im Kulturenkampf, sondern Treuhänder dieser gemeinsamen Humanität. Darum sind die Huntington'schen Ideen von der Selbstbehauptung durch Identitätspflege und Abgrenzung am Ende falsch. Unsere Mauern sind nicht stärker oder höher als die der anderen. Aber in unsere Hand ist das Mittel gelegt, das Mauern bricht – sogar die eigenen. Diese westlich inspirierte Aufklärungs- und Befreiungsgeschichte wird weitergehen, auch wenn die Macht des Westens, die Macht unserer Staaten, Wirtschaften und Gesellschaften schwindet.

Das «politische Erwachen» im Osten und Süden kann kurzfristig wie eine Gefahr für unsere Freiheits- und Humanitätsvorstellungen wirken, weil es Weltgegenden jenseits der Traditionen von Christentum und Aufklärung, jenseits des abendländischen Individualismus ins Spiel bringt. Doch auf Dauer wird die liberale Idee, die Sache von Selbstbestimmung und Menschenrechten, durch die globale Mobilisierung nicht verlieren, sondern gewinnen. So wie sie als Konsumenten und Arbeitskräfte die Weltwirtschaft revolutionieren, werden die Abermillionen nichtwestlichen Neubürger der Moderne auch als politische Nachfrager ihre Marktmacht zur Geltung bringen – und sie werden Qualitätsprodukte verlangen: unkorrumpierte Verwaltung, unzensierte Informationen, unabhängige Gerichte, unverfälschte Wahlergebnisse.

Der iranische Regime-Apologet, der mit seiner Formel «Keine Demokratie in den Staaten ohne Demokratie unter den Staaten» das amerikanische Befreiungsprojekt abtun und die nationale Souveränität zur Hauptsache erklären wollte, hat allenfalls die halbe Wahrheit gesagt. Das Umgekehrte gilt mindestens ebenso: Keine Demokratie unter den Staaten ohne Demokratie in den Staaten. Denn die multipolare Welt mit ihren neuen Macht- und Wachstumszentren bringt auch ein gewaltiges neues Potential von Weltbürgern hervor, die ihre persönlichen und politischen Ansprüche anmelden werden. Es ist ein Ammenmärchen, dass irgendwo auf dem Erdball Menschen aus irgendwelchen kulturellen Gründen die Unterdrückung schätzen oder bereitwillig dulden würden, genauer: es ist eine Lüge, die von den Unterdrückern in die Welt gesetzt wird. Sie wird sich im 21. Jahrhundert nicht lange aufrechterhalten lassen. Die Herrschenden der Aufsteiger- und Unruheregionen werden den Einflussgewinn, den sie aus dem relativen Niedergang des Westens ziehen, nicht für sich behalten können, er wird an ihre Völker weiterfließen, sie werden sich ihren Anteil daran sichern. Für uns ist das nicht in jeder Hinsicht angenehm, denn es bedeutet: abgeben. Aber für unsere Prinzipien, wenn wir es denn ernst mit ihnen meinen, ist es ein Triumph.

Auf längere Sicht wird sich Prinzipientreue bewähren. Es ist bedauerlich und bedrohlich, wenn bei freien Wahlen in der islamischen Welt unversöhnliche Radikale an die Macht kommen, wie es 2006 mit der militanten Hamas-Bewegung bei den Palästinensern geschehen ist. Mit ihrer Gewaltbereitschaft und ihrem Hass auf Israel darf der Westen keine Nachsicht üben, so wenig wir bei Muslimen in unseren Städten dulden können, dass echte oder vermeintliche Vorschriften des Korans über Recht, Gesetz und Verfassung gestellt werden. Aber es ist nicht viel daran zu ändern, dass der Weg zur Entwicklung und Emanzipation in der muslimischen Welt über den politischen Islam verlaufen wird. Wo immer der Orient derzeit die Chance zum Selbstausdruck erhält, artikuliert er sich in dieser religiös-kulturellen Sprache. Das wird nicht so bleiben; es ist das Produkt einer teils eingebildeten, teils realen Bedrängnis- und Demütigungssituation, in der der Glaube zum Inbegriff der sonst überall verletzten Würde wird. Wir mögen darauf hinarbeiten, diesen Islamisierungsprozess zu kanalisieren, doch wir sollten nicht versuchen, ihn aufzuhalten. Dann kann es zur Katastrophe kommen, wie 1991 in Algerien, als die Armee gegen einen absehbaren Wahlsieg der «Islamischen Heilsfront» putschte und das Land in einen jahrelangen Bürgerkrieg versank, mit Zehntausenden von Toten. Es ist ein Fehler, aus Angst vor einer grünen Gefahr arabischen Diktatoren die Stange zu halten, die dem Westen weismachen wollen, sie seien die letzte Bastion gegen die muslimischen Fanatiker. Sie meinen es nicht ehrlich, und selbst wenn sie es ehrlich meinten, wären sie zum Scheitern verurteilt. Man kann die Demokratie, wie die Vereinigten Staaten erfahren haben, nicht mit dem Bajonett einführen, man kann aber ebenso wenig die Moderne mit dem Bajonett durchsetzen. Auch nicht bei uns in Europa mit einem Kopftuchverbot.

Nicht die Unterdrückung des politischen und des strenggläubigen Islams wird seine destruktiven Energien bändigen, sondern die Islamisierten selbst werden es tun. Die Kopftuchträgerin, die hinter der Kasse im Supermarkt oder als Verkäuferin ihr eigenes Geld verdient und mit einem bunten Publikum in Berührung kommt, wird sich von Vätern, Brüdern oder dem Ehemann weniger herumkommandieren lassen, als wenn sie wegen ihrer Bekenntnis-Kleidung keinen Job finden würde und zu Hause bleiben müsste. Es kommt darauf an, die Islamisierung zum Durchgangsstadium zu machen, nicht zum Endpunkt. Keine mittelöstliche Gesellschaft dürfte inzwischen so starke Gegenkräfte gegen die Ideologie der Gottesstaatlichkeit entwickelt haben wie die iranische, die den Weg von der Revolutionsbegeisterung bis zur Sklerose und Korruption des heutigen Mullah-Regimes tatsächlich zurückgelegt hat. Am Ende finden die Leute schon heraus, was gut für sie ist. Demokratie ist nicht alles – die Tyrannei der Mehrheit kann furchtbaren Terror gegen Außenseiter und Minderheiten ausüben, und auch Hitler ist bekanntlich durch freie Wahlen an die Macht gekommen. Der Westen wird immer deutlich machen, dass Rechtsstaat, sozialer Pluralismus und liberale Freiheiten für ihn unverhandelbar sind. Aber mehr verlangen, die Volkssouveränität nur deshalb missachten, weil ihre Präferenzen ihm nicht passen – das kann er nicht.

Die Chance des Westens liegt in etwas sehr Einfachem; fast klingt es banal: er muss sich mit den Menschen verbünden. Die ganzen wohlmeinenden Ratschläge an die USA, wie sie die Gunst der Welt durch mehr Multilateralismus und größere Rücksicht auf andere Nationalinteressen zurückgewinnen sollen, greifen zu kurz. Es ist nicht die Ebene der Staaten, auf der die Partie letztlich gewonnen oder verloren wird. Es ist die Ebene der Bürger. Der autoritäre Kapitalismus in China, Russland oder in Präsident Nasarbajews Kasachstan, der auf einmal als Alternative zur Demokratie so stark erscheint, kann Amerika und Europa wirtschaftlich und strategisch in die Defensive drängen. Doch er kann keine Ordnung bieten, in der die Bedürfnisse und Lebenschancen des Einzelnen im Mittelpunkt stehen. Die Macht- und Wachstumsmaschine hat Vorrang vor dem von Naipaul zitierten «pursuit of happiness». Die eigenen Bürger bleiben für solche Systeme ein Risikofaktor und Unruhepotential – für eine wirklich «universale Zivilisation», die ihre kolonialen und imperialistischen Hypotheken abgeworfen hat, sind sie dagegen ein ansprechbares Publikum, potentielle Alliierte. Wenn iranische Jungen und Mädchen in Chicago oder Heidelberg studieren können, wenn westliche Gewerkschaften gegen die Ausbeutung chinesischer Arbeiter protestieren und arabische Eltern erfahren, dass die Bücher und Internetanschlüsse in den Schulen ihrer Kinder von der Europäischen Union gesponsert wurden – dann braucht uns um unser Ansehen und letztlich auch um unseren Einfluss in der Welt des 21. Jahrhunderts nicht bange zu sein.

Was der Westen überwinden muss, ist das Gefühl, das ihn derzeit von allen Seiten anfasst: die Angst, die hundertfältige, vielgesichtige Angst – vor der Einwanderung, vor dem Islam, vor dem Terrorismus, vor der chinesischen Konkurrenz, vor Jobverlust und Wohlstandsminderung, vor der eigenen Identitätsschwäche und Standpunktlosigkeit. Auch die Versuche der Selbstbehauptung, das Pochen auf Leitkultur und Fortschrittsniveau, wirken allzu oft angstgetrieben. Angst aber macht kleinlich, und Kleinlichkeit macht hässlich. Ohne Großzügigkeit werden wir nicht für uns werben und einnehmen können. Darum bleibt Amerika so wichtig – nicht wegen seiner Macht, sondern wegen seines am Ende unheilbaren, unzerstörbaren Optimismus. Und darum, um der Transzendenz und Weitherzigkeit willen, nicht als Stärkungsmittel oder Feldzeichen, braucht der Westen auch das Christentum.

Wenn Bill Clinton als amerikanischer Präsident auf Reisen ging, jubelten die Leute ihm zu – zuletzt, im Jahr 2000, kurz vor seinem Abschied, sogar in Vietnam, das mit den Vereinigten Staaten einen blutigen, auf beiden Seiten verbitternden Krieg geführt hatte. Die Leute jubelten auch, wenn Johannes Paul II. sie besuchte. Der Papst und der Präsident hätten verschiedener nicht sein können, nicht in ihren Ansichten und nicht in ihrer moralischen Statur. Aber etwas Gemeinsames gab es doch, und es hatte mit dem Menschen zu tun, mit der Freiheit, der Hoffnung und offenen Horizonten. Irgendwo zwischen Washington und Rom liegt noch immer ein Gravitationszentrum der Humanität, und seine Kraft hat nicht zu wirken aufgehört.

LITERATUR

Arno Borst: Lebensformen im Mittelalter, Frankfurt am Main/Berlin 1973.

Joseph Brodsky: Flucht aus Byzanz. Essays, München/Wien 1988.

Zbigniew Brzezinski: Second chance. Three presidents and the crisis of American superpower, New York 2007.

Laurent Cohen-Tanugi: Guerre ou paix. Essai sur le monde de demain, Paris 2007.

Robert Cooper: The breaking of nations. Order and chaos in the twenty-first century, London 2004.

Alois Dempf: Sacrum Imperium. Geschichts- und Staatsphilosophie des Mittelalters und der politischen Renaissance, München/Berlin 1929.

Hans Freyer: Weltgeschichte Europas, 2. Aufl., Stuttgart 1954.

Thomas Friedman: The world is flat. The globalized world in the twenty-first century. Paperback edition with updates, London 2006 (dt. Die Welt ist flach. Eine kurze Geschichte des 21. Jahrhunderts, Frankfurt am Main 2006).

Francis Fukuyama: The end of history and the last man. Second paperback edition, New York 2006 (dt. Das Ende der Geschichte, München 1992).

Timothy Garton Ash: Free World. Why a crisis of the West reveals the opportunity of our time, London 2004 (dt. Freie Welt: Europa, Amerika und die Chance der Krise, München 2004).

David Gress: From Plato to Nato. The idea of the West and its opponents, New York 1998.

Ramachandra Guha: India after Gandhi. The history of the world's largest democracy, New York 2007.

Victor Davis Hanson: Why the West has won. Nine landmark battles in the brutal history of Western victory, New York/London 2001.

Georg Wilhelm Friedrich Hegel: Vorlesungen über die Philosophie der Geschichte. Theorie-Werkausgabe Band 12, Frankfurt am Main 1970.

François Heisbourg: L'épaisseur du monde, Paris 2007.

Tom Holland: Persian fire. The first world empire and the battle for the West, London 2005.

Samuel P. Huntington: The clash of civilizations and the remaking of the world order. Paperback edition, New York 2002 (dt. Kampf der Kulturen. Die Neugestaltung der Weltpolitik im 21. Jahrhundert, München/Wien 1996).

Michael Ignatieff: Empire lite. Nation-building in Bosnia, Kosovo and Afghanistan, London 2003 (dt. Empire lite: Die amerikanische Mission und die Grenzen der Macht, Hamburg 2003).

Ernst Jünger: Sämtliche Werke, Zweite Abteilung, Band 7: Essays I (Betrachtungen zur Zeit), Stuttgart 1980.

Robert Kagan: Of paradise and power. America and Europe in the new world order. With a new afterword, New York 2004 (dt. Macht und Ohnmacht. Amerika und Europa in der neuen Weltordnung, München 2004).

John Kampfner, Blair's wars, London 2003.

Paul Kennedy: The rise and fall of the great powers. Economic change and military conflict from 1500 to 2000, New York 1987 (dt. Aufstieg und Fall der großen Mächte, Frankfurt am Main 1989).

Henry Kissinger: Diplomacy, New York 1995.

Alexandre Kojève: Introduction à la lecture de Hegel, Paris 1947 (dt. Hegel. Eine Vergegenwärtigung seines Denkens, Stuttgart 1958).

Joshua Kurlantzick: Charm offensive. How China's soft power is transforming the world, New Haven/London 2007.

James Kynge: China shakes the world. The rise of a hungry nation, London 2006 (dt. China. Der Aufstieg einer hungrigen Nation, Hamburg 2006).

David Landes: The wealth and poverty of nations. Why some are so rich and some so poor, London 1999 (dt. Wohlstand und Armut der Nationen. Warum die einen reich und die anderen arm sind, Berlin 1999).

William Langewiesche: The atomic bazaar. The rise of the nuclear poor, New York 2007.

Louise Levathes: When China ruled the seas. The treasure fleet of the Dragon Throne, 1405–1433, Oxford/New York 1994.

Bernard Lewis: From Babel to dragomans. Interpreting the Middle East, Oxford/New York 2004.

Bernard Lewis: The crisis of Islam. Holy War and unholy terror, New York 2003 (dt. Die Wut der arabischen Welt. Warum der jahrhundertelange Konflikt zwischen dem Islam und dem Westen weiter eskaliert, Frankfurt/New York 2003).

Bernard Lewis: What went wrong? Western impact and Middle Eastern response, Oxford/New York 2002.

Edward Luce: In spite of the gods. The strange rise of modern India, London 2006.

William H. McNeill: The rise of the West. A history of the human community, Chicago/London 1991.

Robyn Meredith: The elephant and the dragon. The rise of India and China and what it means for us all, New York/London 2007.

V. S. Naipaul: The writer and the world. Essays, New York/Toronto 2002 (dt. Amerika: Lektionen einer neuen Welt, München 2003).

Chris Patten: East and West. The last governor of Hong Kong on power, freedom and the future, London 1998.

Alain Peyrefitte: The immobile empire, New York 1992.

Peter Riddell: Hug them close. Blair, Clinton, Bush and the ‹special relationship›, London 2003.

J. M. Roberts: The New Penguin History of the World. Fourth revised edition, London 2004.

Arundhati Roy: The ordinary person's guide to empire, London 2004.

Carl Schmitt: Positionen und Begriffe im Kampf mit Weimar – Genf – Versailles, 1923–1939, Berlin 1988.

Carl Schmitt: Staat, Großraum, Nomos. Arbeiten aus den Jahren 1916–1969, hrsg. v. Günter Maschke, Berlin 1995.

R. W. Seton-Watson: Disraeli, Gladstone and the Eastern Question. A study in diplomacy and party politics, New York 1972.

William Shawcross: Allies. The United States, Britain, Europe and the war in Iraq, London 2003.

Frank Sieren: Der China Code. Wie das boomende Reich der Mitte Deutschland verändert, aktual. und erw. Taschenbuchausgabe, Berlin 2006.

Oswald Spengler: Der Mensch und die Technik. Beitrag zu einer Philosophie des Lebens, München 1931.

Gabor Steingart: Weltkrieg um Wohlstand. Wie Macht und Reichtum neu verteilt werden, München 2006.

Philip Stephens: Tony Blair. A biography, New York 2004.

Edmund Stillman/William Pfaff: The new politics. America and the end of the postwar world, New York 1961.

Edmund Stillman/William Pfaff: The politics of hysteria. The sources of 20th century conflict, New York/Evanston 1964.

Arnold J. Toynbee: Civilization on trial, Oxford 1948.

Arnold J. Toynbee: The world and the West, New York/London 1953 (dt. Die Welt und der Westen, Stuttgart 1953).

James Traub: The best intentions. Kofi Annan and the UN in the era of American power, London 2006.

Giselher Wirsing: Der maßlose Kontinent. Roosevelts Kampf um die Weltherrschaft, Jena 1942.

Zitate aus fremdsprachigen Texten wurden in der Regel vom Autor ins Deutsche übertragen.

DANK

Dieses Buch hätte ich nicht schreiben können ohne die Eindrücke und Anregungen aus meiner journalistischen Arbeit – ich danke der «Zeit» und meinen Chefs bei dem Blatt, Giovanni di Lorenzo und Bernd Ulrich, für die Gelegenheit, mich mit der Welt der Außenpolitik vertraut zu machen und sie anderen zu erklären. Von Bernd Ulrich stammte überhaupt erst der Anstoß, sich mit der Schwäche des Westens zu beschäftigen; die Idee ist mindestens so sehr seine wie meine – was jetzt in diesem Buch daraus geworden ist, dafür trage ich natürlich allein die Verantwortung. Gunnar Schmidt, der Verleger von Rowohlt · Berlin, hat stets die richtige Mischung von Strenge, Schmeichelei und Ironie im Umgang mit seinem Autor gefunden. Von Levin von Trott zu Solz kamen die besten, weit über die Tagesaktualität hinausweisenden Lektüretipps. Ina Goegel hatte mehr Vertrauen in den Autor als er selbst und hat nie lockergelassen. Und an Leo und Benedikt habe ich beim Schreiben oft gedacht.